Bruns-Häntzschel

Die Preßgesetze des Erdballs

Band X

# Das Preßrecht Bulgariens

von

Dr. G. Lubenoff

Verlag von Georg Stilke, Berlin

# Die Preßgesetze des Erdballs

Band X

# Die Preßgesetze des Erdballs

In Verbindung mit dem

Institut für ausländisches öffentliches Recht und Völkerrecht in Berlin

und der

Fédération Internationale des Journalistes

Herausgegeben von:


**Dr. Viktor Bruns**
ordentlichem Professor des öffentlichen Rechts an der Universität Berlin und Direktor des Instituts für ausländisches öffentliches Recht und Völkerrecht

**Dr. Kurt Häntzschel**
Ministerialdirigenten im Reichsministerium des Innern, Dozenten für Preßrecht an der Universität Berlin, Vorsitzenden der Internationalen Preßrechtskommission der Fédération Internationale des Journalistes


**Band X**


1931

Verlag von Georg Stilke, Berlin

# Das Preßrecht Bulgariens

von

Dr. G. Lubenoff
Referent am Institut für ausländisches öffentliches Recht
und Völkerrecht, Berlin

1931

Verlag von Georg Stilke, Berlin

Schettlerdruck, Köthen (Anhalt)

# Inhaltsverzeichnis

# Literatur und Zitierweise.

Andreeff, Die Stellung der bulgarischen Presse. Sofia 1927. (Andreeff — Bulg. Presse.)

Andreeff, Die bulgarischen Zeitschriften und die Presseverhältnisse Bulgariens von 1844—1925. Sofia 1927. (Andreeff — Presseverhältnisse.)

Häntzschel, Dr. K., Das deutsche Preßrecht. (Häntzschel.)

Kiroff, St., Krititschen pogled warchu texta na balgarskata konstituzia. (Kritische Betrachtung über den Text der bulgarischen Staatsverfassung.) In Annuaire de l'Université de Sofia Anné I, Sofia 1905. (Kiroff.)

Mannheim, Das deutsche Preßrecht. Berlin 1925. (Mannheim.)

Petkoff, P., La Presse en Bulgarie. Paris 1910. (Petkoff.)

Potulicki, M., Le régime de la presse. Paris 1929. (Potulicki.)

---

# Tafel des bulgarischen Preß- und Zeitungsrechts.

### I. Verfassungsschutz der Pressefreiheit.

Art. 79 der Staatsverfassung (St.V.) Freiheit der Presse im allgemeinen. Verbot der Zensur und Bürgschaft. Die stufenweise Verfolgung der beteiligten Personen.

Art. 80 St.V. Beschränkung der Pressefreiheit in bezug auf gottesdienstliche Bücher für die orthodoxen Kirchen und Schulen. Vorherige Begutachtung seitens der heiligen Synode.

Art. 81 St.V. Zuständigkeit der ordentlichen Gerichte für Preßdelikte.

Art. 47 St.V. Vorübergehende Aufhebung der Pressefreiheit kraft Ausnahmerechts.

Art. 73 Abs. 3 St.V. Zuständigkeit der Militärgerichte während des Ausnahmezustandes.

### II. Preßgesetze.

1. Gesetz über die Presse (Preß.G.) vom 24. Dezember 1921 Staatsblatt (St.Bl. Nr. 217/1921).
2. Gesetz über die Abgabe von Druckschriften und lithographischen Werken an die Nationalbibliothek (G.Abg.W.) vom 29. November 1920 (St.Bl. Nr. 195/1920).
3. Gesetz über die Jugendliteratur (G.Jug.L.) vom 29. November 1920 (St.Bl. Nr. 195/1920).

## III. Einzelvorschriften.

### 1. Strafrechtliche Bestimmungen in bezug auf die Presse.

A. Das Strafgesetzbuch vom 21. Februar 1896 mit allen Änderungen bis 6. April 1927 (St. G. B.).

Art. 37 St.G.B. Beschlagnahme und Vernichtung der Sachen, die zur Begehung einer strafbaren Handlung gedient haben.

Art. 56a. Von der Teilnahme an den Preßdelikten.

Art. 105. Aufforderung zum Hochverrat durch Verbreitung von Schriften.

Art. 113. Landesverrat durch Veröffentlichung geheim zu haltender Nachrichten.

Art. 120, 122. Beleidigung des Staatshauptes und der Mitglieder seiner Familie durch Verbreitung und Ausstellung von Schriften und Bildern.

Art. 123. Die Äußerung der Absicht zum Mord des Staatshauptes oder des Thronfolgers durch die Presse.

Art. 124. Verleumdung des Staatshauptes durch die Presse.

Art. 163. Schranken für die Veröffentlichung von Nachrichten über die Militärkräfte des Staates in Friedenszeit und Krieg durch die Presse.

Art. 167. Aufforderung an Heeresangehörige durch die Presse zur Begehung von Handlungen, die durch die militärischen Gesetze und Verordnungen verboten sind.

Art. 172, 174. Aufforderung zur Begehung strafbarer Handlungen sowie Verherrlichung und Rechtfertigung solcher.

Art. 173. Aufforderung zum Ungehorsam gegen Gesetze und Verordnungen. Aufreizung verschiedener Bevölkerungsschichten gegeneinander. Verächtlichmachen von Staatseinrichtungen durch wissentliche Verbreitung unwahrer Tatsachen.

Art. 230. Feilhalten, Verbreiten und Ausstellen unzüchtiger Bilder und Druckschriften.

Art. 230a. Aufführung von unzüchtigen Bühnenstücken.

Art. 230b. Verfassen, Übersetzen, Herausgabe oder Aufführung von nicht vom Kultusministerium genehmigten Druckschriften.

Art. 236. Beleidigung und Verleumdung fremder Staatshäupter.

Art. 236a. Beleidigung oder Verleumdung der bulgarischen Regierung durch Verbreitung unwahrer Tatsachen.

Art. 243. Unterwühlung des gesellschaftlichen, kaufmännischen oder professionellen Rufes einer Person oder eines Vereins usw.

Art. 452 u. 530. Veröffentlichung über Festungen sowie andere staatliche Papiere ohne behördliche Genehmigung.

Art. 538a u. 538b. Verbot der Veröffentlichung und Verbreitung von Druckschriften ohne Name und Wohnort des Verfassers oder des Druckers.

B. Gesetz zum Schutz des Staates vom 25. Januar 1924 mit den Änderungen vom 16. März und 29. April 1925 (G.Sch.St.).

Art. 6. Propaganda zur Änderung der politischen und wirtschaftlichen Ordnung des Staates durch Verbrechen usw.

Art. 7. Aufreizung der Bevölkerungsschichten zu Gewalttätigkeiten usw.

Art. 15. Verbot des Einfuhrs von Druckschriften und anderer Werke, die zur Begehung der in Art. 6 und 7 erwähnten Benutzung dienen.

Art. 10. Beschlagnahme der oben erwähnten Druckschriften.

C. Gesetz über die Verwaltung und Polizei (G.V.u.P.) vom 4. Mai 1925 (St.Bl. 25/1925).

Art. 51. Beschlagnahme und Vernichtung durch die Polizei von unzüchtigen Plakaten und Bildern, die an öffentlichen Stellen ausgestellt worden sind.

Strafausschließungsgründe bei Preßdelikten.

Art. 239 Abs. 2 Str.G.B. Straffreiheit bei Beleidigung und übler Nachrede bei Handlungen zur Wahrnehmung berechtigter Interessen für sich und für die Allgemeinheit.

**2. Prozessuale Bestimmungen in bezug auf die Presse. Strafprozeßordnung.**

Art. 37b. Zuständigkeit der Gerichte in Preßprozessen.

Art. 220. Unzulässigkeit der Durchsuchungen und Beschlagnahmen zur Ermittlung des Verfassers. Die stufenweise Verantwortlichkeit der Beteiligten.

Art. 643, 644. Über die Fristen und Termine im Verfahren in Preßprozessen erster Instanz.

Art. 645, 646. Über die Fristen und Termine im Verfahren in der Berufungsinstanz.

Art. 647, 648. Über die Fristen und Termine in der Revisionsinstanz.

# Das Preßrecht Bulgariens.[1)]

## Kapitel I.

## Begriff und Natur des bulgarischen Preßrechts.

Die Gesamtheit der gesetzlichen Bestimmungen, die man unter dem Namen Preßrecht zusammenfaßt, findet sich auch in Bulgarien nicht in einem einzigen Gesetz, sondern in verschiedenen Gesetzen verstreut. Zu einem einheitlichen Rechtsgebiet werden alle diese Einzelvorschriften nur durch den gemeinsamen Gegenstand, den sie betreffen. Dieser Gegenstand läßt sich seiner Natur nach in doppelter Weise abgrenzen: stofflich und geistig. Von dem ersten Gesichtspunkt aus ist er begrifflich gefaßt mit dem Ausdruck „Preßerzeugnisse", vom zweiten Gesichtspunkt aus betrachtet, kommt hinzu, daß diese Preßerzeugnisse einen besonderen geistigen Inhalt haben müssen. Beide Gesichtspunkte sind für den Begriff und die Abgrenzung des Gegenstandes gleich wichtig.

Gegenstand des Preßrechts sind demnach nicht alle Preßerzeugnisse, sondern nur Preßerzeugnisse mit einem gewissen geistigen Inhalt. Ihr Inhalt ist es, der sie zu Preßerzeugnissen im Sinne des Preßrechts macht.

Das bulgarische Preßgesetz enthält keine Bestimmung darüber, welche Preßerzeugnisse — trotz gleicher technischer Herstellung — nicht als Preßerzeugnisse im Sinne des Preßrechts anzusehen sind.

Indirekt kommt man jedoch zu dieser Bestimmung durch ein anderes Gesetz, das Gesetz über die Abgabe von Druckschriften und lithographischen Werken an die Nationalbibliotheken. Dort heißt es, daß jeder Inhaber von Druckereien, lithographischen oder ähnlichen Einrichtungen verpflichtet ist, der Nationalbibliothek in Sofia eine Anzahl von Exemplaren aller in Bulgarien erschienenen Druckschriften, lithographischen und anderen Werke, wie Büchern, Zeitschriften, Zeitungen, Separatabdrucken von

---

1) Die vorliegende Arbeit ist nach dem für die Sammlung Preßgesetze des Erdballs einheitlichen Arbeitsplan geschrieben. Abweichungen von dieser Systematik sind nur vereinzelt da vorgenommen worden, wo sie dem Verfasser aus der Eigentümlichkeit des bulgarischen Preßrechts geboten zu sein schienen.

Artikeln, Aufrufen, Landkarten, Gravierungen, Ansichtskarten usw., abzugeben. Nach dieser kasuistischen Aufzählung ist anzunehmen, daß das bulgarische Preßrecht unter Preßerzeugnissen zunächst diejenigen Erzeugnisse versteht, die durch Druck, Lithographie oder andere technische Vervielfältigung entstanden sind. Die handschriftliche und nach der Praxis auch die durch Schreibmaschine erfolgte Vervielfältigung fällt nicht darunter.

Wie der Inhalt dieser Druckerzeugnisse beschaffen sein muß, damit sie unter die Bestimmungen des Preßrechts fallen, erfährt man aus dem Gesetz über die Abgabe von Druckschriften usw. Geht man vom Sinn dieses Gesetzes aus, so sieht man, daß es eine begriffliche Fassung der Druckschrift im Sinne des bulgarischen Preßrechts im allgemeinen gibt. Es bestimmt, daß die Drucker und die Verleger nicht verpflichtet sind, die für persönlichen oder Kanzleigebrauch bestimmten Drucksachen abzugeben, wie Visitenkarten, Hochzeitsanzeigen, Todesanzeigen, Formulare usw., welche keine Beziehung zu dem literarischen, künstlerischen, wissenschaftlichen und sozial-politischen Leben des Landes haben. Daraus ergibt sich, daß nicht jeder Gedankeninhalt einer Druckschrift die Eigenart eines Preßerzeugnisses im Sinne des bulgarischen Preßrechts verleiht. Folglich sind nur diejenigen Erzeugnisse der Presse Gegenstand des Preßrechts, die durch ihren Inhalt zum Staatsleben in Beziehung treten, d. h. in den Kreis der Angelegenheiten eingreifen, die der Staat für sich in Anspruch genommen und unter seine Kontrolle gestellt hat.

Durch das Eingreifen der Presse in die Staatstätigkeit entsteht ein Spannungsverhältnis zwischen Staat und Presse, das, wie es auch immer beschaffen sein mag, stets unter dem Titel „Preßfreiheit" behandelt wird. Dieses Spannungsverhältnis zwischen Staat und Presse ist gleichzeitig ein solches zwischen Individuum und Staat. Durch die Presse, welche Formen sie auch immer annimmt, findet der Gedanke des Einzelnen Ausdruck. Dieser Gedanke hat immer das Ziel und durch die Beschaffenheit der Druckschrift auch die Fähigkeit, sich zu verbreiten und sich in Macht umzuwandeln. Wie weit diese Macht im öffentlichen Leben eine Anerkennung findet, spiegelt sich auch im Preßgesetz. Die verschiedene Einstellung zu dieser Grundfrage führt zu verschiedener Auswirkung in den

Preßgesetzen, besonders bezüglich der Fragen der Wahrnehmung berechtigter Interessen in öffentlichen Angelegenheiten seitens des einzelnen und der Fragen der Dienstbarmachung der Presse für staatliche Zwecke. Aus dem Gesagten geht hervor, daß das Preßrecht seiner Natur nach öffentliches Recht ist, trotz manchen Durchbruchs, der durch die Erweiterung der Grenzen zum Schutz des einzelnen gegen die Presse erfolgt ist.

Auch das bulgarische Preßrecht ist in seinem ganzen Umfange öffentlich-rechtlicher Natur. Die Bestimmungen über die Presse Bulgariens gehören dem Gebiet des Staats-, Straf- und Verwaltungsrechts an.

## Kapitel II.

## Geschichtliche Entwicklung des bulgarischen Preßrechts.[1]

Die Grundlage für die Regelung des Preßrechts in Bulgarien bildet die Staatsverfassung. Sie hatte die Aufgabe, dem nach dem Befreiungskriege 1877/78 neu ins Leben gerufenen Staat die innere Ordnung zu sichern. Unter dem Einfluß der neu errungenen nationalen Freiheit, begeistert von ihren ersten Strahlen, folgte die führende Intelligenz dem Beispiel der westeuropäischen Demokratien — für die Presse wurde ohne weiteres die unumschränkte Freiheit verkündet. Eine Ausnahme wurde nur bei den Schriften gemacht, die der Hauptreligion des Landes, d. h. der orthodoxen Kirche, dienen sollten.

Der damalige Gesetzgeber glaubte, mit diesen Bestimmungen auskommen zu können; bald zeigte es sich jedoch, daß sie nicht genügten. Da es für die Schaffung eines eigenen Preßgesetzes bei den damaligen politischen Verhältnissen in Bulgarien an Zeit fehlte, behalf man sich zunächst mit dem türkischen Preßgesetz vom Jahre 1865, das für Bulgarien durch einen Erlaß des Fürsten von 1881 von neuem in Kraft gesetzt wurde. Ein eigenes Preßgesetz hat das Land erst am 6. Februar 1883 erhalten. Seitdem ist das Gesetz unter fast allen Regierungen ein Streitobjekt gewesen, und so ist das Land mit nahezu einem Dutzend Preßgesetzen und Gesetzesänderungen beglückt worden.

---

[1]) Ausführlicher bei Petkoff, Teil I, Kapitel I, Andreeff, Presseverhältnisse.

Umstritten war vor allem schon die prinzipielle Frage, ob überhaupt die Existenz eines speziellen Preßgesetzes mit den Bestimmungen der Staatsverfassung vereinbar sei[1]). Die eine Ansicht ging dahin, daß ein spezielles Preßgesetz verfassungswidrig sei, weil die Verfassung in allen Fällen, in denen eine Regelung durch ergänzende Gesetze zu erfolgen habe, dies ausdrücklich festgelegt habe, was bei den Verfassungsbestimmungen über die Presse nicht der Fall wäre. Die andere Auslegung, die sich auch auf Zweckmäßigkeitsgründe stützte, erklärte ein spezielles Preßgesetz nicht für verfassungswidrig — das Schweigen der Verfassung könne nicht im Sinne eines Verbots zu verstehen sein. Wie dem auch sei, Tatsache bleibt, daß seit 1883 neben den Verfassungsbestimmungen ein besonderes bulgarisches Preßgesetz existiert.

### Kapitel III.

## Grundzüge des bulgarischen Preßrechts.

### I. Die Freiheit der Presse und ihre Sicherung.

Unter den Bestimmungen der bulgarischen Verfassung über die Presse steht an erster Stelle das Grundprinzip der Preßfreiheit. Zu ihrer Sicherung hat der Gesetzgeber noch bestimmt, daß der Verfasser, der Drucker und der Herausgeber keine Bürgschaft zu leisten haben und daß jegliche Zensur verboten ist. Diese Fassung kann zu der irrtümlichen Annahme führen, daß das bulgarische Preßrecht in seiner früheren Entwicklung das System der Bürgschaft gekannt hätte, wie es z. B. in Belgien bestand. Sie ist jedoch lediglich dadurch zu erklären, daß man fremde Verfassungsgesetze nachahmte. Der betreffende Artikel ist nach dem Vorbild von Artikel 18 der belgischen Verfassung geschaffen worden, und man war mit besonderem Eifer bestrebt, keine Lücke in der Verfassung zu lassen, die zum Mißbrauch Anlaß geben könnte. Gleichfalls nach belgischem Vorbild wollte die bulgarische Verfassung auch das System für die Verantwortung der Presse und die stufenweise Verfolgung der verantwortlichen Personen gestalten, nach dem jede folgende verantwortliche Person frei bleiben soll, wenn die vorangehende zu ermitteln und zu er-

[1]) S. Petkoff S. 208 ff.

reichen ist. Durch die unglückliche Übersetzung der betreffenden Bestimmung aus der belgischen Verfassung Artikel 18, „wenn der Verfasser eines Schriftstücks bekannt ist und im Lande wohnt, so sind (statt des belgischen Textes ist) der Herausgeber, der Drucker und (statt oder) der Verbreiter vor jeder Verfolgung sicher", ist man zu einem ganz anderen Ergebnis gekommen und hat daher eine Zeitlang die Bestimmung so ausgelegt, daß sämtliche erwähnten Personen als solidarisch verantwortlich zu betrachten seien; diese Auffassung hat auch in manchen Preßgesetzen entsprechenden Ausdruck gefunden[1]). Das jetzt geltende Preßgesetz wiederholt die Bestimmung der Verfassung, fügt jedoch eine Erläuterung im Sinne der stufenweisen Verfolgung hinzu, so wie es der Gesetzgeber seinerzeit beabsichtigt hatte.

Durch die allgemeine Fassung „die Presse ist frei" und durch das Verbot von Zensur und Bürgschaft wollte der Gesetzgeber die Preßfreiheit in erster Linie gegenüber dem Staat und seinen Behörden sichern. Man hat dabei die Angriffe vor Augen gehabt, die der Träger der Staatsgewalt, d. h. die Verwaltung, gegen die Presse unternehmen könnte, versäumte es aber, gleichzeitig die Preßfreiheit gegen die Willkür der Gesetzgebung zu schützen, so daß die Sicherung der Freiheit gegenüber der Verwaltung, soweit von einer solchen Sicherung die Rede sein konnte, durch eine spätere Gesetzgebung hinfällig gemacht werden kann.

Eine neuere Bestimmung in der Strafprozeßordnung sichert die Preßfreiheit sowohl gegenüber der Verwaltung als auch gegenüber der Justiz, indem sie jede Haussuchung und Beschlagnahme zur Ermittlung des Verfassers verbietet. Diese Bestimmung bezieht sich nach dem bulgarischen Recht auch auf die Verwaltung, denn die Haussuchungen werden gewöhnlich von der Polizei vorgenommen.

In bezug auf die Freiheit der Presse gegenüber der Justiz zieht die Staatsverfassung die Schranken ganz genau, indem sie bestimmt, daß für Preßdelikte die ordentlichen Gerichte zuständig sind. Die Tatsache der ausdrücklichen Erwähnung, daß die Presse für die von ihr begangenen Delikte verantwortlich ist, und zwar vor den ordentlichen Gerichten, beweist mittelbar, daß die Preß-

[1]) S. Kiroff S. 249 u. Anmerkung 2.

delikte allen anderen Delikten auch in bezug auf die Zuständigkeit aller für die Aburteilung und Vollstreckung der Strafe in Frage kommenden Behörden gleichgestellt sind. Man hat das ausdrücklich erwähnt, nicht um ein Privileg der Presse zu schaffen, sondern um jedem Mißbrauch in Form einer Sonderjustiz für die Presse vorzubeugen.

Was die Sicherung der Preßfreiheit gegenüber der Gesetzgebung angeht, so ist es zweifelhaft, wo die Staatsverfassung die Schranken gezogen hat. Wie bereits erwähnt, ist die Frage umstritten, ob überhaupt neben den Verfassungsbestimmungen noch ein spezielles Preßgesetz bestehen darf[1]). Diese Frage tauchte zum erstenmal im Jahre 1884 auf, als ein Abgeordneter in der Nationalversammlung der Meinung Ausdruck gab, daß ein spezielles Preßgesetz verfassungswidrig sei. Eine Lösung fand damals die Frage nicht. Sie wurde im Jahre 1901 von neuem im Parlament zur Diskussion gestellt, und 7 Jahre später, 1908, tauchte sie wieder auf. Dieses periodische Auftauchen der Frage im Parlament zeigt, daß irgendwo eine Lücke vorhanden ist. Diese Lücke liegt darin, daß die Verfassung darüber schweigt, ob ein spezielles Gesetz die Materie der Presse neben den Verfassungsbestimmungen regeln soll oder nicht. Die Entscheidung darüber, welche Schranken bezüglich der Preßfreiheit der Gesetzgebung gezogen sind, hängt ganz davon ab, wie man die betreffenden Verfassungsbestimmungen auslegt. Nimmt man an, daß jede Spezialgesetzgebung auf dem Gebiete des Preßrechts ausgeschlossen ist, dann sind die Schranken von selbst gegeben: der Gesetzgeber darf mit keinen Nebenbestimmungen an die Verfassungsregelung rühren. Geht man jedoch davon aus, daß ein spezielles Gesetz die Verfassungsbestimmungen ergänzen kann, dann ist die Presse der Willkür des Gesetzgebers ausgesetzt. Denn nach der Verfassung ist die gewöhnliche Nationalversammlung selbst zuständig, darüber zu entscheiden, ob ein Gesetz verfassungswidrig oder verfassungsmäßig ist. Infolge dieser Kompetenz der gewöhnlichen Nationalversammlung und des Fehlens jedes anderen Prüfungsorgans für die Verfassungsmäßigkeit der Gesetze, kann jedes Gesetz — ausgenommen sind nur die Gesetze, die ihrer Materie nach gemäß den Artikeln 141, 142, 143, St.V. der großen National-

---

[1]) S. oben S. 12.

versammlung vorbehalten sind — für verfassungsmäßig erklärt werden, auch wenn es offensichtlich die Verfassung verletzt. Das Ergebnis ist, daß die Preßregelung bzw. die Preßfreiheit immer vom Wohlwollen der Regierung und der hinter ihr stehenden Mehrheit in der Nationalversammlung abhängig ist. So erklärt sich auch der Widerspruch zwischen den Verfassungsbestimmungen, die die Zensur und die Bürgschaft ausdrücklich verbieten, und manchen späteren Gesetzen, wie dem über die Jugendliteratur, das eine vorherige Genehmigung zum Redigieren und zur Herausgabe von Schriften für Kinder und Jugendliche und eine Zensur für die Verbreitung verlangt; das gleiche gilt für die Einführung der Zensur während eines Ausnahmezustandes und für manche ähnliche Fälle. Dieser Zustand ist dadurch entstanden, daß sich die gewöhnliche Nationalversammlung das Recht anmaßt, Gesetze nicht nur in den Fällen, in denen die Verfassung es ausdrücklich erlaubt, sondern auch dort, wo die Verfassung schweigt, zu erlassen.

Zu dem Kapitel der Sicherung der Preßfreiheit gehört schließlich noch die Frage der Anonymität der Presse[1]).

Das bulgarische Preßrecht billigt die Anonymität der Presse nur in sehr engen Grenzen: Zur Ermittlung des Verfahrens dürfen Haussuchungen und Beschlagnahmen nicht vorgenommen werden, während die Zeugnisaussage nicht verweigert werden darf. Aber jede von den an der Druckschrift beteiligten Personen — Verfasser, Verleger, Drucker, Verbreiter — kann dann die Zeugnisaussage verweigern, wenn er sich dadurch belasten würde.

## II. Beschränkung der Preßfreiheit.

Für eine Systematik der einzelnen Arten der Beschränkungen der Preßfreiheit sind verschiedene Merkmale von ausschlaggebender Bedeutung. Da sind zunächst die Beschränkungen zu erwähnen, die in der Natur der Schrift bzw. ihres Inhalts begründet sind, dann diejenigen, welche sich aus der Eigenschaft der Person, deren geistige Tätigkeit in der Schrift Ausdruck findet, ergeben, ferner diejenigen, die in der Zeitdauer der Geltung der die Preßfreiheit

[1]) Die Anonymität der Presse ist zugleich als eine Erweiterung der Preßfreiheit zu betrachten, weil diejenigen Personen, welchen eine Betätigung durch die Presse untersagt ist, die Möglichkeit erhalten, diese Betätigung auf dem Umwege auszuüben.

sichernden Bestimmungen liegen und eine vorübergehende Aufhebung der Preßfreiheit begründen, sowie diejenigen, die auf die räumliche Geltung Bezug nehmen, indem man die Freiheit der Presse für gewisse Ortschaften aufhebt; schließlich kann man eine Beschränkung der Freiheit der Presse auch in der Erschwerung der äußeren Bedingungen zur Herstellung der Druckschriften sehen. Es kann natürlich vorkommen, daß Merkmale der einen oder anderen Kategorie gleichzeitig für die Beschränkung der Preßfreiheit maßgebend sind.

a) Hinsichtlich der Natur und des Inhalts der Schriften erfährt die in der bulgarischen Staatsverfassung verkündete Preßfreiheit durch die Verfassung selbst (Art. 80) eine Einschränkung in bezug auf die gottesdienstlichen Bücher für die orthodoxe Kirche sowie für die Bücher, die zum Gebrauch in den Schulen der Orthodoxen für den Schulunterricht bestimmt sind. Für diese Bücher ist eine vorherige Begutachtung durch die heilige Synode vorgeschrieben. Die Begutachtung beschränkt sich auf die Bücher für die orthodoxe Kirche und für die Schulen der Orthodoxen. Man betrachtete die orthodoxe Religion als Staatsreligion, zu der allein die bulgarische Bevölkerung sich in den Grenzen des Staates bekennt, und faßte infolgedessen eine solche Einschränkung als eine rein nationale und innerstaatliche Angelegenheit auf, welche nicht die vom Berliner Vertrag 1878 dem neuen Staat auferlegten Pflichten, das Glaubensbekenntnis der nationalen Minderheiten zu respektieren, verletzen darf. Daher sind die Fremden und überhaupt alle Personen mit anderen Glaubensbekenntnissen auch in dieser Beziehung verfassungsmäßig gesichert und genießen auch für ihre Religionsschriften volle Preßfreiheit. Die Beschränkung der Preßfreiheit hinsichtlich der Religionsschriften der orthodoxen Kirche betrifft nur die Heilige Schrift und die für den Religionsunterricht bestimmten Bücher; diese insoweit, als sie als Schulbücher in die Schulen der Orthodoxen eingeführt werden sollen. Die Begutachtung erstreckt sich nicht auf die Schriften, welche Religionsfragen im allgemeinen erörtern; für solche Schriften gelten die allgemeinen Preßbestimmungen. Die Herausgabe sämtlicher Religionsschriften außer der Heiligen Schrift ist völlig frei und an keine Bedingungen gebunden.

Weitere Einschränkungen der Preßfreiheit nach der Natur der Druckschrift sind durch später erlassene Gesetze erfolgt. So hat das Gesetz über die Jugendliteratur sämtliche Druckschriften, die für Kinder und Jugendliche bestimmt sind, unter die Kontrolle des Ministeriums für Unterrichtswesen gestellt. Diese Kontrolle besteht darin, daß das Redigieren und die Herausgabe von Büchern und Zeitschriften für Kinder und Jugendliche von einer vorherigen Genehmigung des Ministeriums abhängig gemacht werden. Ferner wird jede Druckerei verpflichtet, nach der Drucklegung der betreffenden Schrift je zwei Exemplare ins Ministerium zur Prüfung und Genehmigung zu senden, was eine Zensur in anderer Form bedeutet, von der die Verbreitung abhängig gemacht wird. Denn jede Verbreitung einer nicht vom Ministerium genehmigten Druckschrift ist verboten und eine derartige Schrift unterliegt der Beschlagnahme. Die Verbreitung oder das Geheimhalten der beschlagnahmten Druckschriften ist als selbständiges Delikt unter Strafe gestellt. Die Prüfung der Druckschriften für Kinder und Jugendliche erfolgt, um die Verbreitung von Schriften zu verhüten, die einen unmoralischen Inhalt oder eine offene und grobe parteipolitische Tendenz haben, durch die Spaltung, Feindschaft, Klassenhaß und Verrohung unter den Kindern hervorgerufen werden kann[1]). Die für die erwähnte Prüfung zuständige Stelle im Ministerium für Unterrichtswesen ist eine fünfgliedrige Kommission. Dieser Kommission steht auch die Überwachung sämtlicher literarischen und künstlerischen Werke hinsichtlich ihres moralischen Wertes zu. Dies geht aus dem Artikel 230b St.G.B. hervor, der u. a. die Verfassung und Herausgabe von nicht durch das Ministerium für Unterrichtswesen genehmigten Büchern unter Strafe stellt.

Eine verschleierte Einschränkung der Preßfreiheit enthält ferner Art. 7 des Gesetzes zum Schutze des Staates. Dort heißt es: „Wer mündlich, schriftlich oder durch Druckschriften, künstlerische oder andere Werke zu Feindseligkeiten, Haß oder Verbrechen gegen einzelne Klassen oder Schichten der Bevölkerung oder gegen die bestehenden Behörden anreizt und auf diese Weise die Möglichkeit einer Gefährdung der Gesellschafts- und Rechtsordnung des Landes

[1]) Art. 3 Ges.Jug.L.

schafft, wird . . . bestraft." Die Fassung der Bestimmung ist so, daß man mit ihr erfolgreich gegen jeden parteipolitischen Gegner vorgehen kann. Die vorgesehene Strafe ist sehr schwer: die Druckschriften werden beschlagnahmt, ebenso die Druckerei, wenn ihr Betrieb geheimgehalten worden ist. Auch die Einfuhr derartiger Schriften aus dem Auslande ist verboten, soweit es sich nicht um Schriften handelt, die für wissenschaftliche Zwecke bestimmt sind. Für sie ist eine Genehmigung des Ministeriums für Unterrichtswesen notwendig. Die für die Aufsicht der im Gesetz bezeichneten Druckschriften zuständige Behörde ist die Polizei bzw. die Polizeidirektion in Sofia und das Presse-Büro, das alle Büchersendungen aus dem Ausland kontrolliert.

Die Kontrolle der Presse steht somit dem Ministerium für Unterrichtswesen zu, soweit es sich um die Kontrolle des Druckschrifteninhalts bezüglich der Moral, der Polizei, soweit es sich um die Kontrolle des politischen Inhalts der Druckschriften handelt.

b) Die Einschränkung der Preßfreiheit hinsichtlich der Eigenschaft der an der Herstellung der Druckschrift beteiligten Personen[1]) ist auf verschiedene Weise möglich. Entweder scheidet das Gesetz eine ganze Gruppe von Personen von der Betätigung durch die Presse völlig aus, oder ihre Betätigung wird durch gewisse Bedingungen erschwert, so wie es gewöhnlich mit den Militärpersonen geschieht.

Das bulgarische Preßrecht kennt auch eine derartige Einschränkung der Preßfreiheit für Militärpersonen, denen eine Betätigung durch periodische Druckschriften nur über gewisse Fragen erlaubt ist. Eine Militärperson kann in Zeitungen und Zeitschriften nur solche Arbeiten veröffentlichen, die sich auf die Verteidigung des Militärs und seiner Mitglieder, die Förderung der Vaterlandsliebe in der Bevölkerung, die Organisation des Militärs, auf die allgemeine und spezielle Vorbereitung der Offiziere und Mannschaften, die Erziehung und Ausbildung des Militärs und auf die Landesverteidigung beziehen[2]).

---

[1]) Aus systematischen Gründen wäre es richtiger, die unter b und c erwähnten Einschränkungen der Preßfreiheit als Frage der Geltung des Gesetzes zu behandeln.

[2]) Art. 34 Ges.Mil.Pers.

c) Die Einschränkung der Preßfreiheit hinsichtlich der Zeit — also die vorübergehende Aufhebung der Preßfreiheit — kann auf Grund der bulgarischen Staatsverfassung nur im Falle eines Ausnahmezustandes erfolgen. Artikel 73 Absatz 3 der Staatsverfassung läßt die Verhängung eines Ausnahmezustandes nur während eines Krieges, eines fremden Angriffs oder eines bewaffneten Aufstandes im Innern des Landes zu. Worin dieser Ausnahmezustand besteht, sagt die Staatsverfassung nicht; sie bestimmt nur, daß er durch ein besonderes Gesetz geregelt wird und daß dann an Stelle der gewöhnlichen Gerichte die Militärgerichte in Tätigkeit treten.

Für die Frage, wieweit dieses spezielle Gesetz in die durch die Verfassung garantierte Preßfreiheit eingreifen darf, kommen folgende Verfassungsbestimmungen in Betracht: Artikel 79, der die Preßfreiheit verkündet und die Zensur und die Bürgschaft verbietet, Artikel 81, der für die Preßdelikte die ordentlichen Gerichte für zuständig erklärt, ferner Artikel 74, der vorsieht, daß Festnahme und Haussuchungen nur auf Grund eines Gesetzes erfolgen dürfen, und als Ergänzung dieser Bestimmung der Artikel 642 der Strafprozeßordnung, der jede Haussuchung und Beschlagnahme zur Ermittlung des Verfassers verbietet. Was die letzten beiden Bestimmungen angeht, so ist anzunehmen, daß die Haussuchungen und Festnahmen in Preßsachen während eines Ausnahmezustandes möglich sind, denn ihr Verbot steht nicht in der Verfassung, sondern in einem besonderen Gesetz, das naturgemäß durch ein neues abgeändert werden kann. Die Verfassung selbst bestimmt nur, daß die Haussuchungen und Festnahmen auf Grund eines Gesetzes geschehen sollen. Zweifelhaft ist dagegen die Frage, ob während eines Ausnahmezustandes Zensur und Bürgschaft wieder eingeführt und die Militärgerichte in Preßsachen für zuständig erklärt werden können. Diese Frage mündet schließlich wieder in das Problem der Prüfung der Verfassungsmäßigkeit von Gesetzen.

Die Zulässigkeit der Zensur und Bürgschaft ist, wie schon erwähnt wurde, zunächst von der Zulässigkeit eines speziellen Preßgesetzes abhängig. Nimmt man an, daß ein spezielles Gesetz die Verfassungsbestimmung ergänzen darf, dann ist auf Grund der Kompetenz der gewöhnlichen Nationalversammlung, selbst über die Verfassungsmäßigkeit der Gesetze zu entscheiden[1]), auch eine Aufhebung der Preßfreiheit durch Einführung von Zensur und Bürgschaft während eines Ausnahmezustandes möglich. Die Zulässigkeit eines speziellen Preßgesetzes vorausgesetzt, hat man mit Berufung auf den Wortlaut der Verfassung die Meinung vertreten[2]), daß die Zensur auch während des Ausnahmezustandes unzulässig sei, wenn die Verfassung sie ausdrücklich verbietet, ohne eine Ausnahme zuzulassen. Auch wenn diese Auslegung als die richtige anzusehen ist, so bleibt sie doch nur eine theoretische, da die Nationalversammlung eine andere Meinung vertritt. Der tatsächliche Rechtszustand ist der, daß die Zensur fast immer ein treuer Begleiter des Ausnahmezustandes gewesen ist.

Über die Zuständigkeit der Militärgerichte für Preßsachen während des Ausnahmezustandes sagt die Verfassung direkt nichts. Sie erklärt nur in Artikel 81 im allgemeinen die ordentlichen Gerichte in Preßsachen für zuständig und bestimmt in Artikel 32 Absatz II, daß während eines Ausnahmezustandes die vom Gesetz vorgeschriebenen Militärgerichte in Tätigkeit treten. Wollte man die Zuständigkeitserklärung der ordentlichen Gerichte durch die Verfassung in dem Sinne auslegen, daß sie keine Ausnahme zuläßt, weil eine solche nicht vorgesehen ist, dann müßte man auch im gleichen Sinne die Bestimmung über die Zensur auslegen, die, wie wir schon gesehen haben, die Nationalversammlung im umgekehrten Sinne ausgelegt hat. Der Nationalversammlung allein bleibt es vorbehalten, die Frage in dem einen oder anderen Sinne zu entscheiden. Bis jetzt hat sich jedenfalls eine Übertragung der Preßsachen auf die Militärgerichte während eines Ausnahmezustandes nicht als notwendig erwiesen, da man während dieser Zeit durch die Zensur oder andere polizeiliche Maßregeln wirksam genug vorgehen kann.

Aus der Besonderheit des Ausnahmezustandes, der entweder über das ganze Land oder über einen Teil des Landes verhängt werden kann, geht hervor, daß die Beschränkung der Preßfreiheit hinsichtlich der Zeit gleichzeitig auch als solche hinsichtlich des Ortes auftreten kann. Eine selbständige Beschränkung der Preßfreiheit in bezug auf den Ort kennt das

---

[1]) Siehe oben S. 14 f.

[2]) So Petkoff S. 227 ff.

bulgarische Preßrecht nicht. Kein Teil des Landgebietes ist unter ein besonderes Regime gestellt worden.

d) Schließlich ist noch die Einschränkung der Preßfreiheit bezüglich der Bedingungen bei der Herstellung der Druckschriften zu erwähnen, die man genauer als Hinderung der Preßfreiheit bezeichnen soll. Hierher gehören auch die Vorschriften über die an die Person des verantwortlichen Redakteurs gestellten Voraussetzungen. Denn wenn es sich hier auch nicht um eine unmittelbare, auf die Geistestätigkeit des Schriftstellers bezügliche Einschränkung handelt, so kann doch mit diesen Vorschriften unter Umständen einem ganzen Kreis von Personen die Möglichkeit, sich aktiv in der Presse zu betätigen, genommen werden. So enthielt das bulgarische Preßgesetz vom Jahre 1907 Bestimmungen über die Eigenschaften des verantwortlichen Redakteurs, die das Erscheinen einer Zeitung in kleinen Städten oder auf dem Lande beinahe unmöglich machten: der Redakteur mußte unter anderem Universitätsbildung besitzen und beim Militär gedient haben. Das jetzt geltende Preßgesetz verlangt vom Redakteur nur, daß er bulgarischer Staatsbürger, volljährig und im Besitz der bürgerlichen und politischen Rechte sein und seinen Wohnsitz im Lande haben müsse. Was das Gesetz unter „Staatsbürger“ versteht, ist nicht ganz eindeutig, doch sollte in Übereinstimmung mit anderen Gesetzen, in denen der Gesetzgeber denselben Ausdruck gebraucht hat, „Staatsbürger“ im Sinne von „Staatsangehöriger“ ausgelegt werden. Ein besonderer Fall gibt jedoch auch zu einer anderen Auslegung Anlaß. Unter der Geltung dieser Vorschrift wurden eine Zeitung und eine Zeitschrift in Sofia herausgegeben, die von einem amerikanischen Staatsangehörigen redigiert wurden[1]). Ob dies nur aus politischen Gründen von der bulgarischen Regierung geduldet wurde oder ob das Preßgesetz selbst eine Auslegung in dieser Richtung gestattet, ist schwer zu sagen. Niemand hat sich mit dieser Frage beschäftigt, die bis jetzt auch nicht Gegenstand der Rechtsprechung gewesen ist. Das heutige Gesetz verlangt vom Redakteur keinen besonderen Bildungsgrad. Dafür legt es dem Verleger, indem es ihn mitverantwortlich macht, eine besondere Sorgfaltspflicht bei der Auswahl des Redakteurs auf. Denn nur in den

---

[1]) Zeitung „Swet“ (die Welt) und Zeitschrift „Zornitza“ (die Morgenröte).

Fällen wird der Verleger von seiner eigenen Verantwortlichkeit befreit, in denen er einen Redakteur für die periodische Druckschrift ernannt hat und Beweise dafür erbringt, daß er die Wahl sorgfältig getroffen hat und nicht annehmen konnte, daß der Redakteur mittels der von ihm redigierten Zeitschrift ein Delikt begehen werde.

Eine weitere Einschränkung der Preßfreiheit in dieser Richtung stellen auch die Bedingungen dar, an welche die Gründung und der Betrieb einer Druckerei geknüpft werden. Die Erleichterung oder Erschwerung der Gründung einer Druckerei kann bedeutende Folgen für die Presse bzw. für die Preßfreiheit selbst nach sich ziehen. Dieser enge Zusammenhang von Druckereibetrieb und Preßfreiheit ist in den früheren bulgarischen Preßgesetzen[1]) zum Ausdruck gekommen durch die Regelung des Druckereibetriebes in den Preßgesetzen selbst. Das jetzige Preßrecht enthält keine Bestimmung über die Druckereien, mit Ausnahme einer einzigen, die den Druckereien die regelmäßige Eintragung der an das Ministerium für Unterrichtswesen zur Prüfung abzuliefernden Bücher für Kinder und Jugendliche vorschreibt[2]). Eine besondere, schwere Besteuerung wäre auch eine mittelbare Einschränkung der Preßfreiheit[3]). Jedoch kennt das bulgarische Preßrecht eine solche nicht, obwohl das weder in der Verfassung[4]) noch in einem anderen Gesetz zum Ausdruck gebracht worden ist.

## Kapitel IV.

## Die Stellung der Ausländer und der ausländischen Druckschriften.

Über die Stellung der Ausländer und der ausländischen Druckschriften nach bulgarischem Preßrecht wurde inzidenter bei der Behandlung der Preßfreiheit und ihrer Einschränkung gesprochen. Der besseren Übersicht wegen ist es nötig, auf diese Frage zusammenfassend noch einmal zurückzukommen.

---

[1]) Gesetze von 1883 und 1887.

[2]) Art. 7 Punkt C Ges.Abg.W.

[3]) Lange Zeit war sogar der journalistische Beruf in Bulgarien frei von Steuern (s. Petkoff S. 239).

[4]) Insoweit ist die Übersetzung des Artikels 79 St.V. Bulgariens in der Sammlung „Die Staatsverfassungen des Erdballs" von P. Posener, 1909, unrichtig, in der „Bürgschaft" mit „Steuer" übersetzt worden ist.

Die Staatsverfassung macht, wie wir bereits gesehen haben, hinsichtlich der Preßfreiheit keinen Unterschied zwischen Inländern und Ausländern. Beide genießen dieselbe Preßfreiheit, soweit es sich um Betätigung durch die Presse, und denselben Schutz gegen die Presse, soweit es sich um von ihr begangene unerlaubte Handlungen handelt. Ein Ausländer kann sich durch die Druckschrift in gleicher Weise wie ein Inländer betätigen. Er kann nicht nur Schriften veröffentlichen, sondern auch als Redakteur tätig sein, wenn er seinen Wohnsitz im Lande hat.

Die Bestimmung in der Verfassung, welche eine Beschränkung der Preßfreiheit hinsichtlich der gottesdienstlichen Bücher für die orthodoxe Kirche und für die zum Gebrauch in den orthodoxen Schulen bestimmten Religionsbücher vorsieht, bezieht sich in seltensten Fällen auf Ausländer, da diese regelmäßig ein anderes Glaubensbekenntnis als die orthodoxen Inländer haben.

Über die Behandlung ausländischer Druckschriften enthält das geltende Preßgesetz überhaupt keine, das Gesetz zum Schutz des Staates nur eine einzige Bestimmung. Für dieses Teilgebiet gilt in der Praxis noch heute das Preßgesetz vom 6. II. 1883, das eine ganze Reihe von Vorschriften über die Einfuhr von ausländischen Zeitungen und Büchern enthält. Die Einfuhr ist grundsätzlich frei, kann jedoch in bestimmten Fällen verboten werden; in welchen Fällen ein Verbot stattfinden soll, ist nicht gesagt. Dafür sind wohl die strafrechtlichen Bestimmungen bezüglich der Presse maßgebend. Nach dem Gesetz zum Schutz des Staates kann ein solches Einfuhrverbot besonders dann ergehen, wenn eine Druckschrift der Propaganda oder Agitation zur Änderung der politischen oder wirtschaftlichen Ordnung des Staates durch Verbrechen, Gewalttätigkeit oder terroristische Handlungen dient oder wenn sie zu Haß oder Verbrechen gegen einzelne Klassen oder Schichten der Bevölkerung oder gegen die bestehenden Behörden aufreizt und so die Möglichkeit einer Gefährdung der Gesellschafts- und Rechtsordnung des Landes schafft (Art. 6 und 7).

Ein Verbot der Einfuhr kann ferner auch ohne diesen speziell in den Schriften liegenden Grund angeordnet werden als Retorsion wegen der gleichen Behandlung bulgarischer Druckschriften im Auslande.

Bei dem Verfahren des Verbots folgt man noch den Bestimmungen des Preßgesetzes vom 6. II. 1883, obwohl sie nicht von den späteren Preßgesetzen übernommen worden sind.

Das Verbot der Einfuhr einer Zeitung oder eines Buches wird durch Beschluß des Ministerrats angeordnet; der Beschluß wird im Staatsblatt veröffentlicht. Handelt es sich um eine einzige Nummer einer Zeitung, dann ist für das Verbot der Minister des Innern zuständig.

## Kapitel V.

## Der rechtlich-soziale Dienst der Presse.

Bis jetzt wurde die Presse nur insofern erörtert, als der Staat die nötigen Maßnahmen trifft, um nachteilige Folgen ihrer Wirksamkeit zu verhindern. Die neue Zeit bringt aber die Tendenz mit sich, überall die Presse nicht als Gegnerin des Staates anzusehen, sondern als Mitarbeiterin an der sozialen Ordnung und an der Erfüllung der Aufgaben des Staates. Anders konnte es nicht sein, besonders in einem auf demokratischer Grundlage aufgebauten Staat, wo der einzelne nicht nur passiv durch seinen Gehorsam gegenüber den Führern, sondern auch aktiv durch eigene Tätigkeit mitzuwirken berufen ist. Obwohl man sich meist gegen eine solche weite Anmaßung des einzelnen wehrt, ist doch ein Einbruch dieser Auffassung schon geschehen durch die Bestimmung über die Wahrnehmung berechtigter Interessen in öffentlichen Angelegenheiten. Diese Bestimmung bezieht sich auf das Delikt Beleidigung, bei dem von Strafe abgesehen wird, wenn es zur Wahrnehmung der öffentlichen Interessen begangen ist. Damit ist schon gesetzlich die Stellung der Presse als Hüterin der öffentlichen Interessen anerkannt.

Im bulgarischen Preßrecht ist diese Anerkennung durch die Bestimmung des Artikels 239 des Strafgesetzbuches über die Beleidigung ausgesprochen. Vergleicht man den Geist dieser Bestimmung mit dem anderer Bestimmungen des bulgarischen Preßrechts, so erkennt man, daß sie mit ihrer fortschrittlichen sozial-politischen und rechtlichen Auffassung vereinzelt dasteht.

In diesen Zusammenhang gehört auch die Dienstbarmachung der Presse für staatliche Zwecke.

Das bulgarische Preßrecht kennt eine solche Dienstbarmachung nur insofern, als jede Druckerei zur unentgeltlichen Abgabe von Freiexemplaren an die Nationalbibliotheken verpflichtet ist. Obwohl das Gesetz von der Abgabe an die „Nationalbibliotheken" spricht, erfolgt die Abgabe doch nur an die Nationalbibliothek in Sofia, die ihrerseits die erhaltenen Exemplare an die anderen Bibliotheken verteilt. Einen Zwang zur Aufnahme amtlicher Bekanntmachungen gibt es im bulgarischen Preßrecht nicht. Doch ist durch eine Verordnung den Zeitungen in Sofia während des Krieges und nach dem Kriege bis heute noch die Pflicht auferlegt, die amtlichen Bekanntmachungen der Militärkommandantur von Sofia zu veröffentlichen. In der Praxis haben sich außerdem verschiedene öffentliche Behörden und Anstalten an die Zeitungen mit der Bitte um unentgeltliche Veröffentlichung von Bekanntmachungen gewandt, was die Zeitungen auch freiwillig übernommen haben.

## Kapitel VI.

# Die Ordnung der Presse.

Unter der Ordnung der Presse sind diejenigen preßrechtlichen Bestimmungen zu verstehen, die sich auf die Herstellung und Leitung der Druckschriften beziehen und damit die geistige Betätigung mittelbar zu treffen suchen. Ihrer rechtlichen Natur sind sie von derselben Art, wie alle anderen preßrechtlichen Vorschriften.

Das bulgarische Preßrecht enthält die Bestimmungen über die Ordnung der Presse in verschiedenen Gesetzen verstreut und mangelhaft ausgeführt, so daß von einer erschöpfenden Ordnung der Presse kaum die Rede sein kann.

### a) Ursprungszeugnis.

Eine Bestimmung über das Ursprungszeugnis enthält das Preßgesetz nicht. Dagegen ist im Gesetz über die Abgabe von Druckschriften und lithographischen Werken an die Nationalbibliotheken bestimmt, daß alle an die Nationalbibliothek in Sofia unentgeltlich abzuliefernden Druckschriften, lithographischen und sonstigen Werke folgende Angaben tragen sollen:

das Jahr des Erscheinens, den Firmennamen und Wohnort des Geschäfts, in dem sie angefertigt wurden, und zuletzt die Reihenfolge der Auflagen. Auf Grund dieser Bestimmung mußte man erwarten, auf jedem in Bulgarien erschienenen Buch, lithographischen Werk, auf jeder Druckschrift usw. Erscheinungsort, Herstellungsbetrieb, Datum und Nummer der Auflage zu sehen. Dies ist aber nicht der Fall: Bei fast allen Büchern und Druckschriften fehlt die Auflagennummer und auch die Angabe des Jahres fehlt in den meisten Fällen bei Büchern der schönen Literatur und Wörterbüchern, d. h. bei solchen Werken, bei denen das Erscheinungsjahr für den Leser ohne Bedeutung ist. Die Ursache für diese Nichtbefolgung einer Gesetzesvorschrift liegt darin, daß das Gesetz keine Sanktionen vorsieht. Und auch das Strafgesetzbuch enthält eine Strafvorschrift nur für den Fall, daß nicht der richtige Name und Wohnort des Verfassers oder des Druckers angegeben ist. Dieser Bestimmung entsprechend sollen die Bücher mit dem Namen und Wohnort entweder des Verfassers oder des Druckers versehen sein, während die Angabe des Jahres dem Drucker anheimgestellt wird. Einen Unterschied zwischen privaten und amtlichen Ausgaben macht das Gesetz nicht, so daß anzunehmen ist, daß sowohl die amtlichen wie die privaten Druckschriften diese Angaben zu tragen haben.

### b) Der verantwortliche Schriftleiter.

Das Institut des verantwortlichen Schriftleiters, das auch in Bulgarien als Kernpunkt der Vorschriften über die Ordnung der Presse anzusehen ist, kennt das bulgarische Preßrecht erst seit dem Inkrafttreten des türkischen Preßgesetzes von 1865, das eingeführt wurde, weil man einsah, daß man mit den Verfassungsbestimmungen allein nicht auskommen konnte. Die späteren Preßgesetze haben diese Einrichtung des verantwortlichen Redakteurs beibehalten. Das Gesetz spricht allerdings nicht von einem „verantwortlichen Redakteur“, sondern nur vom „Redakteur“. Aus der Aufgabe, die ihm das Gesetz zuschreibt, geht jedoch klar hervor, daß es sich nur um den verantwortlichen Redakteur handeln kann. Ein Redakteur, der die Verantwortung nicht übernommen hat, ist nach dem bulgarischen Preßrecht kein „Redakteur“, sondern nur redaktioneller Mitarbeiter. Nach dem geltenden Gesetz muß der

Redakteur bulgarischer Staatsbürger sein[1]), im Lande wohnen und im Besitze der bürgerlichen und politischen Rechte sein.

Die Ernennung eines Redakteurs ist aber nach bulgarischem Recht nicht obligatorisch; sie dient nur dazu, daß der Verleger oder Herausgeber die ursprünglich auf ihm selbst lastende Verantwortlichkeit auf den Redakteur übertragen kann. Zur strafrechtlichen Wirksamkeit dieser Übertragung ist allerdings weiterhin erforderlich, daß der Verleger oder der Herausgeber Beweise dafür erbringt, daß er bei der Ernennung des Redakteurs die notwendige Sorgfalt angewandt hat. Ob sich mehrere Personen in die verantwortliche Redaktion einer Druckschrift teilen können, sagt das Gesetz nicht ausdrücklich. Aus seinem Sinn ist aber zu entnehmen, daß auch mehrere Personen für die Redaktion verantwortlich sein können. Mit der Frage, welcher von ihnen dann für die durch die Druckschrift begangenen Delikte haftet, befaßt sich das Gesetz nicht. Es berücksichtigt nur den Fall, daß Verleger, Drucker oder Verbreiter eine juristische Person — eine Gesellschaft oder ein Verein — ist und bestimmt, daß in diesem Falle dasjenige einzelne Vorstandsmitglied verantwortlich ist, das mit der Führung gerade der betreffenden Tätigkeit betraut ist, durch die das Delikt begangen wurde. Diese Bestimmung wird analog auf die Schriftleitung anzuwenden sein, wenn sie durch mehrere Personen ausgeübt wird. Verantwortlich ist, wer mit der Leitung des betreffenden Teils der Druckschrift beauftragt ist. Läßt sich dies nicht feststellen, so muß man annehmen, daß sämtliche Redakteure nach der Regel der Mehrtäterschaft verantwortlich sind[2]), d. h. jeder Redakteur ist für dasselbe Delikt als Allein-Täter verantwortlich. Die Rechtsprechung hat bis jetzt keine Gelegenheit gehabt, sich über einen solchen Fall zu äußern.

In der Frage, wer verantwortlicher Redakteur ist, nimmt das bulgarische Preßrecht eine vermittelnde Stellung zwischen den sogenannten materiellen und den formellen Theorien ein[3]). Das Gesetz bestimmt, daß der Redakteur auf

---

[1]) Über die Bedeutung des Ausdruckes „Staatsbürger" siehe oben S. 21.

[2]) Man redet ungenau von einer solidarischen Haftung. Dieser Ausdruck ist jedoch irreführend und weist auf die zivilrechtliche solidarische Haftung hin. So Potulicki S. 126.

[3]) Mannheim S. 49.

der Druckschrift angegeben sein muß, wenn angenommen werden soll, daß die Druckschrift überhaupt einen Redakteur hat. Aber die Nennung allein verleiht noch nicht die Eigenschaft eines verantwortlichen Redakteurs. Die Angabe muß mit dem Willen und Wissen der betreffenden Person geschehen. Das geht aus dem Wortlaut des Artikels 1 des Preßgesetzes hervor, wo es heißt, daß ein Redakteur „ernannt" werden soll; die Ernennung bedarf einer zweiseitigen Willenserklärung.

Die Bestimmungen über den verantwortlichen Redakteur gelten auch für den Herausgeber und Verleger, solange sie keinen Redakteur ernannt haben. Das ist zwar im Preßgesetz nicht ausdrücklich ausgesprochen worden, aus dem ganzen Sinn des Gesetzes jedoch ergibt sich, daß der Verleger oder Herausgeber denselben Bedingungen für die Herausgabe einer Schrift unterliegt wie der Redakteur. Der Verleger oder Herausgeber muß also auch bulgarischer Staatsbürger, im Besitz der bürgerlichen und politischen Rechte sein und seinen Wohnsitz im Lande haben. Die Stellung des Herausgebers ist nach dem bulgarischen Preßrecht bedeutender als die des Redakteurs; auf jenem ruht die Hauptlast der Verantwortlichkeit.

c) Abgabe der polizeilichen Pflichtstücke.

Das bulgarische Preßgesetz selbst schreibt die Abgabe eines polizeilichen Pflichtstücks nicht vor. Durch polizeiliche Anordnung ist jedoch den Zeitungen und den Zeitschriften die Pflicht auferlegt, der Polizeidirektion in Sofia ein Exemplar von jeder erschienenen Nummer abzugeben. Die Verleger sind nicht verpflichtet, von sich aus ein Exemplar an die Polizei zu übersenden, sondern die Polizei muß ihrerseits ein Exemplar anfordern. Da die Rechtmäßigkeit dieser Anordnung nicht in Frage gestellt ist, hat sich der Brauch gebildet, daß die Polizeidirektion sich regelmäßig von allen Zeitungen und Zeitschriften ein Exemplar geben läßt.

Durch das Gesetz über die Literatur für Kinder und Jugendliche ist eine Abgabepflicht von Exemplaren zum Zweck der nachträglichen Prüfung des Inhalts mancher Druckschriften angeordnet. Diese Bestimmung bezieht sich nur auf die Druckschriften, die für Kinder und Jugendliche bestimmt sind. Es heißt in dem Gesetz, daß jede Druckerei, die für Kinder oder Jugendliche bestimmte Bücher oder Zeitschriften druckt, verpflichtet ist, an das Ministerium für Unterrichtswesen sofort nach dem Erscheinen je zwei Exemplare unentgeltlich abzugeben. Die Pflichtstücke werden mit einem Doppelverzeichnis an das Ministerium geschickt, das eines der zugesandten Verzeichnisse unterschrieben an die Druckerei zurücksendet.

d) Berichtigungszwang.

Einen Berichtigungszwang kennt das bulgarische Preßrecht nur in sehr geringem Umfange. Nach § 236a des Strafgesetzbuches ist die Presse nur zur Berichtigung von unwahren Tatsachen über die bulgarische Regierung, den Ministerrat, die Nationalversammlung oder einen Minister verpflichtet. Eine solche Berichtigung muß gleich nach dem Empfang ohne Hinzufügungen oder Auslassungen in der nächsten Nummer der Druckschrift und an demselben Platz, an dem der zu berichtigende Artikel gestanden hat, veröffentlicht werden. Die Berichtigung ist unentgeltlich. Bezüglich anderer Angelegenheiten, seien sie privater oder öffentlicher Natur, sieht das Gesetz keine Berichtigung vor. Es hat sich aber der Brauch gebildet, daß die Presse von sich aus ihr zugeschickte Berichtigungen aufnimmt.

## Kapitel VII.

## Preßstrafrecht.

Von einem gesondert kodifizierten Strafrecht der Presse kann kaum die Rede sein, denn die Presse an sich hat sich nicht als brauchbares Merkmal zur Bildung einer besonderen, streng abgegrenzten Gruppe von Delikten erwiesen.

Unter Preßstrafrecht ist die Gesamtheit jener Bestimmungen zu verstehen, welche die durch die Presse oder im Zusammenhang mit ihrem Betrieb begangenen unerlaubten Handlungen verfolgt. Gewöhnlich werden im Gegensatz zu den eigentlichen Preßdelikten die Delikte, welche im Zusammenhang mit dem Betrieb der Presse begangen sind, als eine besondere Gruppe unter dem Namen Preßpolizeidelikte[1]) oder Preßverwaltungsstrafrecht[2]) zusammengefaßt. Eine getrennte Codi-

[1]) Häntzschel S. 44 f.
[2]) Mannheim S. 88.

fizierung hat das bulgarische Recht nicht gemacht. Hier ist jedoch derjenige Teil des Preßstrafrechts mehr von Bedeutung, der die durch die Presse selbst begangenen Delikte behandelt.

### I. Preßinhaltsdelikte.

Die durch die Presse selbst begangenen Delikte, bei denen die Druckschrift das Begehungsmittel ist, haben, wie in vielen fremden Gesetzgebungen so auch im bulgarischen Recht, zum größten Teil ihren Platz im allgemeinen Strafgesetzbuch. Nicht alle Delikte können mittels der Presse begangen werden, sondern nur diejenigen, bei denen eine Einwirkung geistiger Art die deliktische Handlung zur Folge hat. Eine Wirkung geistiger Art kommt nur für gewisse Delikte als Tatbestandsmerkmal in Betracht. Das ist der Fall bei der Anstiftung, die als allgemeine Begehungsform bei jedem Delikt möglich ist. Eine ganze Reihe von Anstiftungen durch die Presse ist im bulgarischen Strafgesetzbuch und im Gesetz zum Schutze des Staates als selbständiges Delikt gefaßt; im übrigen ist die Anstiftung durch die Presse nach allgemeinen Regeln zu behandeln. Außer der Anstiftung können durch die Presse solche Delikte begangen werden, die den inneren Wert der Menschen betreffen, wie z. B. Beleidigung, Verleumdung usw. Hierzu gehört auch Artikel 243 St.G.B., der denjenigen unter Strafe stellt, der wissentlich eine unwahre Tatsache verbreitet, welche den gesellschaftlichen, kaufmännischen oder professionellen Ruf oder Namen einer Person, einer Gesellschaft, eines Vereins oder einer Behörde, oder das Vertrauen zu den Fähigkeiten eines anderen, seinen Beruf oder Erwerb auszuführen, unterwühlt.

Der allgemeine Teil des Strafgesetzbuchs hat bei den Preßdelikten eine abweichende Anwendung hinsichtlich der Haftung der verantwortlichen Personen und der Verjährung erfahren. Die Sonderreglung der Verantwortlichkeit in Preßsachen ergibt sich aus der eigentümlichen Beschaffenheit der Preßtätigkeit, die zu der Notwendigkeit führt, eine Reihe von Personen zur Mitverantwortung zu ziehen. Dies sind Verfasser, Verleger oder Herausgeber, Drucker, Verbreiter, und zuletzt hat der erfinderische bulgarische Gesetzgeber auch dem Plakatankleber die Ehre erwiesen, ihm im Gesetz einen selbständigen Platz neben dem Verbreiter einzuräumen. Für alle diese Personen ist eine stufenweise Verantwortlichkeit und Verfolgung durchgeführt, um mit Erfolg die Preßdelikte bekämpfen zu können. Die stufenweise Verfolgung der beteiligten Personen, speziell des Verfassers, Herausgebers, Druckers und Verbreiters, ist schon in der Staatsverfassung zum Ausdruck gebracht, die aber eine Zeitlang im umgekehrten Sinne ausgelegt worden war[1]). Wenn der Verfasser eines Schriftstückes bekannt ist und im Lande wohnt, so werden der Herausgeber, Drucker und Verbreiter nicht verfolgt. Andernfalls kommen alle der Reihe nach als Täter in Betracht. Von der Verantwortlichkeit kann sich jeder befreien, wenn er die ihm vorangehende verantwortliche Person angibt und diese von den zuständigen Behörden zu erreichen ist. Für die Angabe der vorangehenden verantwortlichen Person genügt nicht, daß der Beschuldigte sie bloß namhaft macht, sondern das Gesetz schreibt vor, daß der Beschuldigte auch die Beweise dafür bringen muß, daß die von ihm angegebene Person wirklich die zu verfolgende ist. Soll statt einer anderen angeklagten Person der Verfasser haften, so muß außerdem durch ein gerichtliches Urteil oder einen Beschluß anerkannt sein, daß der Benannte wirklich der Verfasser ist. Nach dem Gesetz kann ein Beschluß über die Feststellung des Verfassers nur getroffen werden, wenn der betreffende Verfasser keinen Widerspruch gegen den Beschluß erhoben hat. Für die Angabe der vorangehenden verantwortlichen Person schreibt das Gesetz eine Frist von 7 Tagen nach der ersten Vernehmung vor, wenn die Angabe nicht schon bei dieser Vernehmung gemacht worden ist. Wird diese Frist nicht eingehalten, dann sind die Folgen von den Personen zu tragen, gegen die das Verfahren anhängig gemacht worden ist.

Eine Ausnahme von dieser stufenweisen Verantwortlichkeit macht das Gesetz zum Schutze des Staates in Artikel 10, in dem es den Drucker neben dem Verfasser verantwortlich macht, wenn es sich um eine gemäß Artikel 6 und 7 des Gesetzes verbotene Druckschrift handelt. Drucker, welche das Drucken der betreffenden Schriften wissentlich in ihren Druckereien zugelassen haben, werden als Mittäter bestraft. Auch die fahrlässige Begehung dieses Deliktes ist unter sehr schwere Strafe — Gefängnis und Geldstrafe von 10 000 bis

---

[1]) Siehe oben S. 13.

100 000 Lewa — gestellt. Wenn als Träger der Verantwortlichkeit eine juristische Person (Verein, Gesellschaft usw.) in Frage kommt, dann ist diejenige Einzelperson des Vorstandes verantwortlich, die die Tätigkeit, durch die der deliktische Tatbestand entstanden ist, ausgeübt hat[1]).

Wie bereits früher erwähnt wurde, kann sich der Verleger einer periodischen Druckschrift von der Verantwortlichkeit befreien, wenn auf der Druckschrift ein verantwortlicher Redakteur angegeben ist und der Verleger beweist, daß er den Redakteur mit Sorgfalt ausgewählt hat und nicht annehmen konnte, daß er mittels der von ihm redigierten Druckschrift ein Delikt begehen werde.

Über die Schuldfrage enthält das Gesetz keine besondere Bestimmung. Die Praxis hat jedoch aus dem Sinn des Instituts des verantwortlichen Redakteurs eine von den allgemeinen Grundsätzen abweichende Regel über die Beweislast aufgestellt. Während bei anderen Delikten der Schuldbeweis der Staatsanwaltschaft obliegt, wird er bei Preßdelikten dem verantwortlichen Redakteur auferlegt, soweit es sich um Widerlegung der Vermutung handelt, daß er die von ihm redigierte Druckschrift, durch die das Delikt begangen worden ist, inhaltlich geprüft und Kenntnis von dem Inhalt genommen hat. Um diese Beweisvermutung zu widerlegen, muß der Redakteur nicht nur beweisen, daß er den Inhalt der Druckschrift nicht geprüft hat, sondern auch, daß diese Unterlassung ohne sein Verschulden geschehen ist. Auf diesen Erwägungen beruht das ganze Institut des verantwortlichen Redakteurs, der sich nicht einfach damit entschuldigen kann, daß er die deliktische Schrift bzw. den deliktischen Artikel nicht gelesen hat. In diesem Zusammenhang ist auch die Besonderheit des fahrlässigen Preßdelikts zu erklären.

Die Strafarten für die Preßdelikte sind dieselben wie für andere Delikte, mit der Ausnahme, daß das Preßrecht außer den anderen Strafen und Nebenstrafen — Beschlagnahme der Druckschriften — auch das Verbot des Erscheinens einer periodischen Druckschrift kennt. Nach Artikel 236a St.G.B. ist diese Strafe ihrem Charakter nach als Nebenstrafe, nicht als selbständige Strafe anzusehen, denn es heißt dort, daß durch das Strafurteil auch das zeit-

[1]) Anmerkung zu Art. 1 Preß.G.

weilige Nichterscheinen einer Zeitung oder Zeitschrift angeordnet werden kann. Die Beschlagnahme dagegen kann sowohl als Nebenstrafe wie als selbständige Strafe verhängt werden. Das Nichterscheinen einer periodischen Druckschrift kann nur bei dem einen Delikt der Beleidigung oder Verleumdung der bulgarischen Regierung, des Ministerrats, der Nationalversammlung oder eines Ministers verhängt werden. Bei ausländischen Druckschriften wird in den entsprechenden Fällen ein Einfuhrverbot verhängt[1]).

Wenn die Presse als Begehungsmittel in Betracht kommt, so fragt es sich, wie sich diese Art der Begehung in bezug auf die Schärfe der Strafe auswirkt. Nach dem bulgarischen Recht läßt sich diese Frage nicht einheitlich beantworten. Bei manchen Delikten wird die Presse als gefährlicheres Begehungsmittel angesehen, also wird die Strafe erhöht, während dieselben Delikte, begangen durch andere Mittel, milder zu bestrafen sind. Delikte gegen die Ehre des Staatsoberhaupts und die Mitglieder seiner Familie (Artikel 120, 122 St.G.B.) werden schwerer bestraft, wenn sie mittels der Presse begangen werden. Hier wird also in dem gefährlicheren Begehungsmittel ein Strafverschärfungsgrund gesehen.

Für die zivilrechtlichen Folgen von Preßdelikten haften Redakteur und Verleger als Gesamtschuldner. Wenn für eine juristische Person eine einzelne Person als schadenersatzpflichtig verurteilt worden ist, dann hat die juristische Person selbst den Schadenersatz zu leisten.

Als Strafausschließungsgrund gilt die Verjährung nach allgemeiner Regel auch bei Preßdelikten. Eine Abweichung liegt insoweit vor, als ein Verfolgungsakt, der gegen eine auf der Druckschrift fälschlich als Verfasser, Herausgeber oder Drucker angegebene Person gerichtet ist, auch die Verjährung gegen die wirklich verantwortliche Person unterbricht. Die Verfolgungsverjährung tritt nach Ablauf von sechs Monaten ein; für Übertretungen gilt die allgemeine Frist von drei Monaten. Die Vollstreckungsverjährung ist die gleiche wie bei den anderen Delikten. Wenn man die Verjährungsfristen bei den Preßdelikten mit den Fristen bei anderen Delikten vergleicht, sieht man, daß die ersteren bedeutend kürzer sind. Das ist jedoch durch die Art der Preßdelikte selbst zu erklären. Erstens ist

[1]) Näheres darüber siehe oben S. 23.

bei ihnen immer die Möglichkeit vorhanden, eine Beweisführung schnell in Gang zu setzen und dann ist ihre Wirkung so beschaffen, daß ein schnelles Vorgehen erforderlich ist. Ist ein längerer Zeitabschnitt verstrichen, dann ist die Strafe zwecklos.

Die Verjährungsfrist beginnt mit dem Tage der Veröffentlichung der deliktischen Schrift, oder mit dem Tage der letzten Verfolgungshandlung, wenn eine solche stattgefunden und nicht zur Aburteilung geführt hat.

### II. Preßordnungsdelikte.

Als zweite Gruppe von Preßdelikten kommen die Zuwiderhandlungen gegen die Vorschriften über die Ordnung der Presse in Betracht, und zwar:

a) Zuwiderhandlungen gegen die Bestimmungen über die Veröffentlichung und Verbreitung von Druckschriften, auf denen der Name und der Wohnort des Verfassers oder des Druckers nicht angegeben sind (Art. 538a, 538b St.G.B.).

b) Zuwiderhandlungen gegen die Pflicht zur Abgabe von Exemplaren an die Nationalbibliotheken und an das Ministerium für Unterrichtswesen. (Art. 8 G.Abg.W. und Art. 4 G. Jung L.)

c) Zuwiderhandlungen gegen den Berichtigungszwang nach Art. 236a St.G.B.

## Kapitel VIII.

## Das Verfahren in Preßsachen.

Das Verfahren in Preßsachen weicht von den allgemeinen Prozeßbestimmungen in verschiedenen Einzelheiten ab, die sich aus der Natur der Preßsache ergeben.

Zuständig sind für alle Preßsachen die ordentlichen Gerichte, was auch, wie bereits früher ausgeführt wurde[1]), im Falle eines Ausnahmezustandes gilt. Hinzugefügt sei als Grund dafür noch, daß die Schnelligkeit des Verfahrens — die Eigentümlichkeit der Militärgerichte — auch bei den gewöhnlichen Gerichten durch die kurzen Fristen in Preßsachen gesichert ist. Das bulgarische Recht setzt bei Preßsachen für das Verfahren in erster Instanz besondere Fristen fest: Die Staatsanwaltschaft hat innerhalb von 5 Tagen die Anklageschrift beim Gericht einzureichen; das Gericht muß binnen drei

---

[1]) Siehe oben S. 20.

Tagen eine Abschrift der Anklageschrift dem Beklagten zustellen; nach Ablauf von 10 Tagen, in deren Verlauf der Angeklagte seinerseits die Zeugen angeben muß, wird ein Verhandlungstermin angesetzt; diese Frist von 10 Tagen kann verlängert werden, wenn den Umständen nach die Ladung der Zeugen innerhalb dieser Frist nicht möglich ist. Wenn im ersten Termin die Sache nicht zur Aburteilung kommen kann, wird ein neuer Termin nach Ablauf einer zweiten Woche festgesetzt. Die Fristen für die Zeugenvernehmung werden vom Gericht nach den allgemeinen Regeln unter Berücksichtigung des besonderen Falls festgesetzt. Ähnliche Fristen wie für das erstinstanzliche Verfahren gelten auch für die folgenden Instanzen.

Beim Verfahren der Beschlagnahme von Druckschriften sind mit Rücksicht auf die Notwendigkeit, die erforderlichen Maßnahmen schleunigst zu treffen, der Polizei sowie der Post gewisse Befugnisse erteilt. Nach Artikel 51 des „Gesetzes über die Verwaltung und Polizei" ist die Polizei befugt, auf Straßen, Plätzen und in öffentlich zugänglichen Einrichtungen angebrachte Anzeigen, Plakate, Bilder usw. mit unzüchtigem oder verbrecherischem Inhalt zu beschlagnahmen oder zu vernichten. Und nach Artikel 15 des Gesetzes zum Schutze des Staates sind die nach Artikel 6 und 7 dieses Gesetzes verbotenen Werke von der Post oder den Verwaltungsbehörden in Verwahrung zu nehmen und dem Staatsanwalt beim Landgericht zu übergeben. Die Beschlagnahme selbst wird dann von der Staatsanwaltschaft angeordnet und vom Gericht bestätigt oder aufgehoben.

## Kapitel IX.

## Die rechtliche Lage der Journalisten in Bulgarien.

Von der Ausbildung eines eigentlichen Journalistenrechts kann bis heute in Bulgarien nicht gesprochen werden. Das hat seinen Grund vor allem darin, daß bis vor kurzem, ja, teilweise auch noch heute, der Journalistenberuf in Bulgarien fast als ein Luxusnebenberuf für reiche Leute und Politiker angesehen wird. Das kommt z. B. auch darin zum Ausdruck, daß Journalisten nach früherem bulgarischen Steuerrecht nicht besteuert wurden[1]). Als Erwerbszweig wie jeder

[1]) S. Petkoff S. 239 ff.

andere gilt der Journalismus erst in neuerer Zeit[1]). Aber bis heute sind die verschiedenen Tätigkeitsgebiete, Redaktion, Verlag, Druckerei, keineswegs streng voneinander getrennt. Oft findet man Druckerei und Verlag oder Verlag und Redaktion in denselben Händen vereinigt und von denselben Personen geführt. Immerhin ist wenigstens theoretisch und prinzipiell die Trennung des Journalistenberufs von allen anderen Betätigungen in der Presse seit einiger Zeit durch die Satzung des Verbands der Sofioter Journalisten vollzogen worden. Diese Satzung[2]) bezeichnet als Journalisten[3]) nur diejenigen, die bei einer Zeitung oder Zeitschrift in der Redaktion oder als Korrespondenten tätig sind, ferner Mitarbeiter, die neben ihrem eigenen Beruf in einer periodischen Druckschrift ihre Arbeiten veröffentlichen. Als Journalist gilt nach der Satzung auch der in der „Direktion der Presse“, dem offiziellen Nachrichtenbüro beim Auswärtigen Amt in Sofia, tätige Redakteur. Als Journalist gilt nicht aber der Verleger einer Zeitung, der die journalistische Tätigkeit anderer Personen verwertet. Aus dem Gesagten folgt, daß für die Bestimmung des journalistischen Berufs die Betonung auf die intellektuelle Tätigkeit in bezug auf das Redigieren einer Druckschrift, sowie auf das Mitarbeiten durch Veröffentlichen eigener Arbeiten in der Druckschrift gelegt worden ist. Eine Abstufung der journalistischen Berufe kennt die Satzung nicht. Praktisch nimmt jedoch der leitende Redakteur, sowohl auf Grund des Preßgesetzes, als auch innerhalb der Druckschrift eine selbständige Stellung ein.

Die Satzung regelt ferner, sowohl die Beziehungen der Journalisten untereinander, wie die Beziehungen zwischen Journalisten und Verlegern. Der Verband der Sofioter Journalisten hat nach dem Wortlaut der Satzung (Artikel 2) folgende Aufgaben:

a) Die berufliche Solidarität, die gegenseitige Hilfeleistung und die Moral unter den Mitgliedern zu fördern und zu erhalten,

b) die beruflichen Interessen der Mitglieder und des Verbandes zu wahren,

---

[1]) Näheres darüber bei Andreeff, Bulg. Presse; Presseverhältnisse.

[2]) Vom 14. April 1921.

[3]) Art. 6, 7.

c) für die Sicherung der wirtschaftlichen Lage der Mitglieder zu sorgen.

In bezug auf Punkt a) sei nur erwähnt, daß diese Aufgabe nur eine moralische, nicht rechtliche Bedeutung hat.

In Punkt b) handelt es sich um die Beziehungen der Journalisten zu den Staatsorganen bzw. der Regierung. Das Verlangen nach Organisierung des journalistischen Berufs ist nach dem Kriege, wegen der Unterdrückung der Presse durch die Regierung, besonders akut geworden. Der Journalistenverband, der seit 1909 existiert, wurde dadurch gezwungen, seine Organisation zu festigen, um sich gegen die Willkür der Verwaltung zu wehren, was gerade in diesem Punkt des Artikels zum Ausdruck kommt.

Nach Punkt c) stellt sich der Verband die Aufgabe, auch die Gegensätze, welche unter Mitgliedern des Verbandes einerseits und den Verlegern andererseits entstehen, zu schlichten und zu beseitigen, sowie jeden Versuch zur Besserung der Arbeitsbedingungen und der wirtschaftlichen Lage des Journalisten zu unterstützen.

So sieht man, wie der Verband aus eigener Initiative den Anforderungen des Journalistenberufs zu genügen sucht, indem er der Eigentümlichkeit dieses Berufes Rechnung trägt, was bei der Anwendung der allgemeinen Regeln der Zivilgesetze auf die Preßangelegenheiten nicht der Fall ist. Dadurch ist die Möglichkeit für die Bildung von Gebräuchen im Journalistenberuf gegeben, die als Grundlage für eine rechtliche Regelung dienen können.

Die Journalisten aus der Provinz für ganz Bulgarien sind organisiert in einem anderen Verband unter dem Namen Verband der bulgarischen Journalisten. Der von ihm verfolgte Zweck ist der gleiche wie der des Verbandes Sofioter Journalisten.

Neben dem Verband der Sofioter und der bulgarischen Journalisten existiert seit 1923 eine Organisation der ausländischen Journalisten in Bulgarien. Sie trägt den Namen: „Union des correspondants de la presse étrangère et des publicistes étrangères en Bulgarie". Aus dem Namen selbst ergibt sich, welche Personen als ausländische Journalisten anzusehen sind: die Korrespondenten der ausländischen Zeitungen und die Publizisten, die in ausländischen Zeitungen ihre Arbeiten veröffentlichen. Bei der Mitgliedschaft macht die Satzung im Gegensatz zu der des Verbandes der Sofioter Journalisten keinen Unterschied bezüglich der Staatsangehörigkeit. Die Aufgabe dieses Verbandes ist ungefähr dieselbe, wie die des Verbandes der bulgarischen Journalisten[1]):

a) die berufliche Solidarität unter den Mitgliedern zu fördern,
b) ihre beruflichen Interessen zu verteidigen,
c) die Mittel des Informationsdienstes zu verbessern.

Die letzten beiden Punkte weisen auf die Absicht hin, die fremden Journalisten bei der Ausübung ihres Berufes gegen die Übergriffe der Behörde zu schützen.

In diesem Zusammenhang ist noch ein anderer Verband zu erwähnen, der auf anderer Grundlage entstanden ist, trotzdem aber in sehr enger Beziehung zu der bulgarischen Presse und ihrer Entwickelung steht. Dies ist die Aktiengesellschaft „Kurier" mit dem Sitze in Sofia, die aus dem Verbande der Zeitungsverbreiter entstanden ist. Sie wurde gegründet von Menschen, die so gut wie nichts mit der Journalistik zu tun hatten, und verfolgte den Zweck, die Beförderung der Zeitungen von Sofia nach der Provinz zu vereinfachen und zu verbilligen, indem die Zeitungen statt — wie bisher — in vielen Sendungen, gemeinsam verschickt wurden. Dieses Unternehmen, das sehr klein anfing, hat sich mit der Zeit zu einer großen Organisation entwickelt, die heute die Macht hat, einzelne Zeitungen durch Erschwerung der Beförderung, wenn auch nicht wirtschaftlich zu ruinieren, so doch von sich abhängig zu machen. Daß es zu einem gewissen „Druck von unten" führen kann, ist klar, wozu es in der bulgarischen Presse jedoch bis jetzt nicht gekommen ist.

Die drei journalistischen Verbände und die Gesellschaft „Kurier" sind gleichzeitig als Spitzenverbände der bulgarischen und der ausländischen Presse in Bulgarien zu betrachten.

---

[1]) Art. 2 des „Règlements".

# Anhang.

## Der Wortlaut der bulgarischen Preßgesetze.

### I. Verfassungsbestimmungen über die Presse.

Art. 79. Die Presse ist frei. Keine Zensur ist gestattet. Es wird auch keine Bürgschaft von dem Verfasser, Herausgeber und Drucker verlangt. Wenn der Verfasser eines Schriftstücks bekannt ist und im Königreiche wohnt, so werden der Herausgeber, Drucker und Verbreiter nicht verfolgt.

Art. 8. Die Heilige Schrift, die gottesdienstlichen Bücher und dogmatischen Werke, die zum Gebrauch der orthodoxen Kirche dienen, desgleichen die für den Religionsunterricht in den Schulen der Orthodoxen bestimmten Bücher unterliegen der vorherigen Begutachtung der Heiligen Synode.

Art. 81. Für Preßdelikte sind die ordentlichen Gerichte zuständig.

Art. 73. Niemand kann bestraft werden ohne ein Urteil des zuständigen Gerichts, das die Rechtskraft erlangt hat.

. . . . . . . . . . . . . . . . . . . . . . . . . . . . . . . . . . . . . . . . . . . .

Während eines Krieges, oder wenn infolge eines fremden Einbruchs oder eines bewaffneten Aufstandes im ganzen Lande oder in einem seiner Teile der Ausnahmezustand verhängt worden ist, treten die vom Gesetz vorgeschriebenen Militärgerichte in Tätigkeit.

### II. Preßgesetz.

Art. 1. Die durch die Presse begangenen Delikte werden nach den Bestimmungen des Str.G.B. bestraft.

Wenn der Verfasser bekannt ist und seinen Wohnsitz im Königreiche hat, werden der Verleger, der Drucker und der Verbreiter nicht verfolgt.

Wenn der Verfasser unbekannt ist oder keinen Wohnsitz im Königreiche hat, wird der Verleger bestraft und ist verantwortlich. Wenn der Verleger unbekannt ist oder keinen Wohnsitz im Königreiche hat, wird der Drucker bestraft und ist verantwortlich.

Anmerkung: Ist der Verleger oder der Drucker oder der Verbreiter eine Gesellschaft oder ein Verein, so trifft die Verantwortlichkeit diejenige Person, die mit der Ausführung dieser Tätigkeit beauftragt ist. Für die zivilrechtlichen Folgen (Schadenersatz und Geldentschädigungen) wegen mittels Druckschrift begangener Delikte ist neben ihnen auch die Gesellschaft oder der Verein verantwortlich.

Art. 2. Wenn eine gerichtliche Verfolgung gegen den Verleger, den Drucker oder Verbreiter eingeleitet worden ist, werden sie von der Verantwortlichkeit frei, wenn sie bei der ersten Vernehmung durch die richterliche Behörde oder innerhalb einer siebentägigen Frist seit der Vernehmung die vorangehende verantwortliche Person angeben und beweisen.

Die Person, welche den Verfasser angegeben hat, wird von der Verantwortlichkeit frei, nachdem der richtige Verfasser durch Urteil seitens des Gerichts oder durch Beschluß festgestellt worden ist, jedoch nur dann, wenn kein Widerspruch seitens der Parteien erhoben wird.

Art. 3. Auch der Verleger wird von der Verantwortlichkeit frei, wenn er einen Redakteur für die Herausgabe der Druckschrift ernannt hat und beweist, daß er bei dessen Auswahl die erforderliche Sorgfalt beobachtet hat und daß er nicht annehmen konnte, daß der Redakteur ein Verbrechen durch die von ihm redigierte Druckschrift begehen werde. In diesem Falle tritt der Redakteur an die Stelle des Verlegers.

Art. 4. Redakteur kann jeder volljährige bulgarische Staatsbürger sein, der seinen Wohnsitz im Königreiche hat und dem die bürgerlichen und politischen Rechte nicht aberkannt worden sind.

Wenn angenommen werden soll, daß ein Redakteur vorhanden ist, muß er auf der periodischen Druckschrift angegeben werden.

Art. 5. Wird der Redakteur zum Schadenersatz und Geldentschädigung verurteilt, so haftet der Verleger als gesamtschuldnerischer Bürge.

Art. 6. Die Preßdelikte werden nicht mehr verfolgt nach Ablauf einer Frist von sechs Monaten seit dem Tage der Veröffentlichung des Manuskriptes, das das Delikt enthält, oder seit der letzten Verfolgungshandlung.

Eine Verfolgungshandlung, die gegen eine Person gerichtet ist, welche fälschlicherweise als Verfasser, Verleger oder Drucker angegeben wurde, unterbricht die Verjährung auch gegen den richtigen Verfasser oder Drucker. Ebenso unterbricht eine Verfolgungshandlung gegen eine bekannte verantwortliche Person auch die Verjährung gegen die vorhergehenden gemäß Art. 1 verantwortlichen Personen.

Art. 7. Druckschriften, welche verbrecherische Äußerungen enthalten, werden beschlagnahmt, wenn das Gesetz ihre Beschlagnahme vorschreibt.

Die Beschlagnahme wird auf Antrag des Staatsanwalts durch das Gericht angeordnet. Wenn nach den Umständen ein beschleunigtes Handeln erforderlich ist, kann die Beschlagnahme von dem Staatsanwalt vorgenommen werden, der verpflichtet ist, sofort dem Gericht Kenntnis zu geben, damit dies die Beschlagnahme bestätigt, oder die von dem Staatsanwalt getroffene Maßnahme aufhebt. Das Gericht hat an dem nächsten Werktage in öffentlicher Sitzung, zu der keine besondere Ladung der Parteien erfolgt, diese, soweit sie erschienen sind, zu hören und über die Beschlagnahme zu entscheiden. Die Entscheidung über die Frage der Beschlagnahme unterliegt der selbständigen Berufung.

Art. 8. Die beschlagnahmten Druckschriften können vernichtet werden, wenn das Gesetz es vorschreibt. Wenn die Druckschrift teilbar ist, wird nur derjenige Teil vernichtet, in dem die verbrecherischen Äußerungen, wegen der die Beschlagnahme angeordnet wurde, enthalten sind.

Die Vernichtung wird von dem für die Aburteilung des durch die Druckschrift begangenen Delikts zuständigen Gericht ausgesprochen, und zwar in dem gleichen Urteil.

Art. 9. Durch dies Gesetz werden das Gesetz über die Aufhebung des Preßgesetzes und die Verordnungen über die Presse, sowie alle anderen Verordnungen, soweit sie ihm widersprechen, aufgehoben.

## III. Gesetz über die Abgabe von Druckschriften und lithographischen Werken an die Nationalbibliothek vom 29. 11. 1920.

Art. 1. Jeder Inhaber einer Druckerei, lithographischen und anderen ähnlichen Einrichtung ist verpflichtet, der Nationalbibliothek in Sofia je 6 Exemplare von allen Druckschriften, lithographischen und anderen in Bulgarien erschienenen Werken, wie Bücher, Zeitschriften, Zeitungen, Sonderabdrucke von Artikeln, Aufrufe, Karten, Gravierungen, Ansichtskarten usw. abzugeben. Sie werden von den Druckern und Lithographen, seien sie staatliche oder private, direkt an die Bibliothek, spätestens 10 Tage nach der Druckfertigung auf Kosten des Verlegers oder des Verfassers, wenn dieser selbst Verleger ist, abgeschickt.

Art. 2. Die Drucker und Lithographen sind nicht verpflichtet, die nur für privaten und Kanzleigebrauch bestimmten Sachen abzugeben, wie: Visitenkarten, Hochzeitsanzeigen, Todesanzeigen, Formulare usw., welche keinen Bezug auf das literarische, künstlerische, wissenschaftliche und sozial-politische Leben des Landes haben.

Art. 3. Alle abgegebenen Exemplare sollen gut geheftet und auf gutem und haltbarem Papier gedruckt sein. In keinem Falle dürfen sie Korrekturen oder Makulaturen sowie nachlässig geheftet und gedruckt sein.

Sie sollen unbedingt folgende Angaben tragen:

a) Jahr des Druckes,

b) die Firma und den Ort der Einrichtung, wo sie erschienen sind,

c) die Zahl der Reihenfolge der Ausgabe.

Art. 11. In bezug auf die für die Nationalbibliotheken bestimmten Exemplare werden keine beschränkenden Maßnahmen angewendet. Die Verwaltungsbehörden, welche das nicht berücksichtigen, werden mit Geldstrafe von 50—200 Lewa bestraft.

Art. 13. Die Briefe und Sendungen an die Nationalbibliothek werden kostenfrei bestellt.

## IV. Gesetz über die Jugendliteratur vom 29. 11. 1920.

Art. 1. Das Ministerium für Unterrichtswesen hat die oberste Aufsicht über alle für Kinder und Jugendliche bestimmte Bücher.

Art. 2. Niemand darf Bücher und Zeitschriften für Kinder und Jugendliche redigieren ohne vorherige Genehmigung des Kultusministeriums.

Art. 3. Die Herausgabe von Büchern und periodischen Ausgaben für Kinder und Jugendliche a) mit unmoralischem Inhalt, b) mit offensichtlicher und grober parteipolitischer Tendenz, wodurch Spaltung, Feindschaft, Klassenhaß und Verrohung unter den Kindern hervorgerufen werden kann, ist verboten.

Art. 4. Jede Druckerei, welche für Kinder und Jugendliche bestimmte Bücher druckt, ist verpflichtet, gleich nach der Druckfertigung je zwei Exemplare an das Ministerium für Unterrichtswesen zur Prüfung einzusenden. Diejenigen, welche diesem keine Folge geleistet haben, werden mit Geldstrafe von 1000 bis 5000 Lewa bestraft. Den Sendungen ist ein Doppelverzeichnis beizulegen, von denen eins nach Bestätigung vom Ministerium zurückgeschickt wird. Sie (die Sendungen) werden gebührenfrei befördert.

Art. 5. Das Ministerium für Unterrichtswesen bestimmt die Geldstrafe und ordnet ihre Vollstreckung bei der zuständigen Behörde an. Eine Berufung gegen die Geldstrafe kann innerhalb 15 Tagen vor dem Amtsrichter eingelegt werden. Seine Entscheidung ist unwiderruflich.

Der Ertrag aus den Geldstrafen wird dem für die Beförderung der Jugendliteratur errichteten Fonds beim Kultusministerium überwiesen.

Art. 6. Herausgabe und Verbreitung von nicht vom Ministerium genehmigten Büchern und Zeitschriften für Kinder und Jugendliche ist verboten. Solche Bücher werden beschlagnahmt und gegen die Verbreiter ein gerichtliches Verfahren anhängig gemacht. Wenn der Verbreiter ein Lehrer ist, so wird er aus dem Dienst entlassen.

## V. Gesetz zum Schutz des Staates.

Art. 6. Wer mündlich, schriftlich oder durch Druckschriften Propaganda oder Agitation zur Änderung der politischen oder wirtschaftlichen Ordnung des Staates durch Verbrechen, Gewalttätigkeiten oder terroristische Handlungen betreibt, wird mit Zuchthaus nicht unter 5 Jahren und Geldstrafe von 50 000 bis 600 000 Lewa bestraft.

Art. 7. Wer mündlich, schriftlich oder durch Druckschriften, künstlerische oder andere Werke zu Feindseligkeiten, Haß oder Verbrechen gegen einzelne Klassen oder Schichten der Bevölkerung oder gegen die bestehenden Behörden anreizt und in dieser Weise die Möglichkeit einer Gefährdung der Gesellschafts- und Rechtsordnung des Landes schafft, wird mit Zuchthaus von 3—8 Jahren und Geldstrafe von 50 000 bis 300 000 Lewa bestraft.

Art. 10. Die Druckschriften und die anderen Werke, von denen in Art. 6 und 7 dieses Gesetzes die Rede ist, werden auf Anordnung des Staatsanwalts beschlagnahmt. Bis zum Erlaß einer solchen Anordnung kann die Polizei alle erforderlichen Maßnahmen treffen, um die Verbreitung der genannten Werke zu verhindern. Mit dem Treffen dieser Maßnahmen hat die Polizei zugleich dem Staatsanwalt Anzeige davon zu machen.

Mit dem Anordnen der Beschlagnahme hat der Staatsanwalt die strafrechtliche Verfolgung gegen die verantwortliche Person zu beantragen.

Mit den beschlagnahmten Gegenständen ist weiter gemäß Art. 37 St.G.B. zu verfahren.

Auch die geheimen Druckereien werden mit allen Einrichtungen, die dem Druck der von diesem Gesetze verbotenen Werke dienen, beschlagnahmt.

Die Eigentümer der öffentlichen Druckereien, die wissentlich das Drucken der nach Maßgabe des Art. 6 dieses Gesetzes verbotenen Werke zugelassen haben, werden als Teilnehmer bestraft. Wenn sie es aus Fahrlässigkeit zugelassen haben, werden sie mit Gefängnis und mit Geldstrafe von 10 000 bis 100 000 Lewa bestraft.

Art. 15. Die Einfuhr von Druckschriften, lithographischen, handschriftlichen, künstlerischen oder anderen Werken, von denen in Art. 6 und 7 dieses Gesetzes die Rede ist, ist verboten.

Solche Werke werden von der Post- oder Verwaltungsbehörde in Verwahrung genommen und dem Staatsanwalt bei dem Landesgericht übergeben, der die Anordnung für ihre Beschlagnahme erläßt. Mit diesen Werken ist weiter nach der Maßgabe des Art. 37 St.G.B. zu verfahren.

Die Personen, die solche Werke einführen oder verbreiten oder erhalten haben, ohne die Behörde davon in Kenntnis zu setzen, werden mit Zuchthaus bis 5 Jahre und mit Geldstrafe von 5000 bis 50 000 Lewa bestraft.

Die Einfuhr solcher Werke ist zulässig nur für wissenschaftliche Zwecke mit Genehmigung und Vermittlung des Kultusministeriums.

Art. 34. Die Sicherungsmaßnahme für alle Delikte dieses Gesetzes ist vorläufige Festnahme, ausgenommen den Fall des Art. 7, auf welchen die Bestimmungen der St.P.O. Anwendung finden.

## VI. Gesetz über die Verwaltung und Polizei vom 4. Mai 1925.

Art. 51. Die Polizei beschlagnahmt oder vernichtet die auf den Straßen, Plätzen, d. h. öffentlichen Stellen und in den dem Publikum zugänglichen Einrichtungen angebrachten Anzeigen, Plakate, Bilder und ähnliches dieser Art mit unzüchtigem oder verbrecherischem Inhalt, wenn es auch auf eine verschleierte Weise ausgedrückt worden ist, und macht gegen die Verbreiter ein gerichtliches Verfahren anhängig.

## VII. Die Pressebestimmungen des St.G.B.

Art. 230. Wer unzüchtige Abbildungen und Druckschriften feilhält, verbreitet oder ausstellt, wird mit Gefängnis bis 6 Monaten und Geldstrafe von 50 bis 10 000 Lewa bestraft.

Der Hersteller oder der Verfasser solcher Abbildungen oder Druckschriften, welche mit seinem Wissen verbreitet oder öffentlich ausgestellt sind, wird mit Gefängnis bis 1 Jahr und mit Geldstrafe von 100 bis 10 000 Lewa bestraft.

Solche Werke sind zu beschlagnahmen.

Art. 230a. Der Direktor eines Kinos, Theaters, Theatergruppe und dergleichen, der die Aufführung der unzüchtigen Bühnenstücke oder das Spielen der offensichtlich unsittlichen Werke zuläßt, wird mit Gefängnis oder Geldstrafe bis 10 000 Lewa bestraft.

Art. 230b. Die Strafe des obigen Artikels betrifft auch denjenigen, der Druckschriften, Bühnenstücke oder Filme verfaßt, übersetzt, herausgibt oder aufführt, die von dem Kultusministerium nicht genehmigt sind und keinen literarischen oder künstlerischen Wert haben und Beschreibungen oder Abbildungen enthalten, die geeignet sind, eine Zerrüttung in der Bevölkerung herbeizuführen und diese zur Begehung von Delikten zu veranlassen.

Solche Druckschriften und Filme sind zu beschlagnahmen.

Art. 236a. Wer durch die Presse unwahre, beleidigende oder verleumderische Tatsachen über die bulgarische Regierung, den Ministerrat, die Nationalversammlung oder einen Minister verbreitet, ist verpflichtet, dem Staatsanwalt den Beweis dafür binnen 10 Tagen zu erbringen.

Danach ist er von dem letzteren dem zuständigen Landesgericht zur Strafverfolgung (Aburteilung) und Bestrafung gemäß Art. 236 erster Abschnitt zu übergeben. Bei der Verurteilung kann ein zeitweiliges Nichterscheinen der Zeitung oder der Zeitschrift, in der die falsche Nachricht veröffentlicht worden ist, angeordnet werden.

Der Verleger der Druckschrift oder der Redakteur, wenn ein solcher vorhanden ist, ist verpflichtet, die ihm zugeschickte Berichtigung durch die in der Druckschrift veröffentlichten in dem ersten Abschnitt erwähnten Tatsachen zu berichtigen oder zu widerlegen sind, sofort und ohne Fortlassung oder Hinzufügung zu veröffentlichen.

Die Berichtigung muß in der ersten nach Empfang derselben erscheinenden Nummer der Druckschrift veröffentlicht werden, und zwar in der Abteilung, wo die Nachricht, gegen welche diese gerichtet ist, gestanden hat.

Die Berichtigung ist unentgeltlich zu veröffentlichen. Verleger oder Redakteur, der gemäß des obigen Abschnitts seine Verpflichtungen nicht erfüllen will, wird mit Gefängnis nicht unter einem Monat oder mit Geldstrafe bis 20 000 Lewa bestraft.

Art. 239. Der wegen Verleumdung Angeklagte wird von Strafe befreit, wenn er beweist: . . . . . 2. daß er dies zum Wohle des Staates, der Gesellschaft oder in Verteidigung seiner eigenen Ehre oder der Ehre seiner eigenen Familie begangen hat.

Art. 243. Wer wissentlich eine unwahre Tatsache verbreitet, welche den gesellschaftlichen, kaufmännischen oder professionellen Ruf oder Namen einer Person, einer Gesellschaft, eines Vereins oder einer Behörde, oder das Vertrauen zu den Fähigkeiten eines anderen, seinen Beruf oder Erwerb auszuführen, unterwühlt, wird mit Geldstrafe bis 5000 Lewa bestraft.

Ist dieses öffentlich begangen oder durch eine mit Wissen des Schuldigen verbreitete Druckschrift, Abbildung oder Brief, so ist die Strafe Gefängnis nicht unter 3 Monaten und Geldstrafe bis 10 000 Lewa.

### Veröffentlichung und Verbreitung der Druckschriften, auf denen der Name und der Wohnort des Verfassers oder des Druckers nicht angegeben sind. (Kapitel XI St.G.B.)

Art. 538a. Wer eine Druckschrift herausgibt oder wissentlich verbreitet, die den richtigen Namen und Wohnort des Verfassers oder des Druckers nicht enthält, wird mit Gefängnis bis 2 Monaten oder mit Geldstrafe bis 3000 Lewa bestraft.

Ist die Druckschrift ein Teil von einem Werke, dessen Herrühren aus seinem früheren Erscheinen bekannt ist, dann ist die Strafe Geldstrafe bis 2000 Lewa.

Enthält die Druckschrift strafbare Äußerungen, so kann das dafür zuständige Gericht dem Verantwortlichen wegen der Verletzung dieses Artikels eine nachträgliche Geldstrafe bis 10 000 Lewa auferlegen.

Art. 538b. Von den in dem vorhergehenden Artikel vorgesehenen Strafen werden befreit diejenigen, welche den Drucker angeben. Die Verkäufer, die Verbreiter und die Plakatankleber, wenn sie die Person, von der sie die Druckschrift erhalten haben, angeben.

## VIII. Preßrechtliche Bestimmungen der St.P.Ordnung.

### Besondere Regeln über das Verfahren in den Preßsachen.

Art. 37b. Für das durch die Presse begangene Delikt ist dasjenige Gericht zuständig, in dessen Bezirk das zur Verfolgung Anlaß gebende Werk erschienen ist. Ist das Werk im Auslande erschienen, oder sein Erscheinungsort unbekannt, so ist für die begangene Handlung das Gericht zuständig, in dessen Bezirk (Kreis) das Werk verbreitet worden ist. Ist aber die Verbreitung in mehreren Gerichtsbezirken erfolgt, so ist dasjenige Gericht zuständig, das die Verfolgung zuerst begonnen hat.

Art. 641. In den Preßsachen wird nach den Regeln der St.P.O. verfahren, indem auch die folgenden Regeln dieses Kapitels Anwendung finden.

Art. 642. Durchsuchungen und Beschlagnahmen zur Ermittlung des Verfassers sind unzulässig. Der Verleger, der Drucker und der Verbreiter werden nicht verfolgt, wenn sie bei ihrer ersten Vernehmung durch die richterlichen Behörden angeben, der erste den richtigen Verfasser, der zweite den Verleger oder den Verfasser, und der dritte den Drucker, den Verleger oder den Verfasser.

Art. 643. Die Staatsanwaltschaft hat die Anklageschrift spätestens binnen 5 Tagen anzufertigen und die Sache dem Gericht zu übergeben. Dieses hat die Eröffnung des Verfahrens sofort zu verfügen und spätestens binnen 3 Tagen dem Angeklagten eine Abschrift von der Anklageschrift zuzustellen. Der Verhandlungstermin ist nach einer Frist von 10 Tagen anzusetzen, spätestens nach Ablauf der Frist, in der der Angeklagte berechtigt ist, die Zeugen anzugeben.

In denselben Fristen sind auch die Privatklagesachen einzureichen und zu verhandeln.

Art. 644. Wenn die Verhandlung der Sache aus berechtigten Gründen vertagt wird, so setzt das Gericht zur neuen Verhandlung der Sache eine Frist von einer Woche, ausgenommen den Fall, daß die Sache zur Erbringung der Beweise vertagt worden ist und dafür eine längere Frist nötig ist.

Art. 645. Gegen das erlassene Urteil kann binnen zwei Wochen seit seiner Verkündung in endgültiger Form Berufung bei dem Oberlandesgericht eingelegt werden, was spätestens binnen einer Woche nach der Entscheidung der Sache zu geschehen hat.

Art. 646. Nach Empfang der Berufungsklage des Beklagten oder des Berufungsprotestes des Staatsanwaltes ist die Sache spätestens binnen drei Tagen dem zuständigen Gericht zu übersenden.

Die Eröffnung des Verfahrens und die Verhandlung der Sache vor dem Oberlandesgericht haben in denselben Fristen wie vor dem Landgericht stattzufinden.

Das Urteil ist binnen drei Tagen nach der Entscheidung der Sache in endgültiger Form zu verkünden.

Art. 647. Gegen das Urteil des Oberlandesgerichts kann in derselben Frist wie bei dem Urteil des Landgerichts Revision bei dem Kassationshof eingelegt werden. Die Sache ist zusammen mit der Revisionsklage oder mit dem Revisionsprotest binnen drei Tagen nach Empfang zu übersenden.

Art. 648. Nicht später als zwei Wochen nach Empfang der Revisionsklage oder des Revisionsprotestes hat die Verhandlung vor dem Kassationshof stattzufinden und das Urteil ist binnen drei Tagen nach der Entscheidung anzufertigen.

Der Kassationshof hat nicht später als zwei Wochen nach Empfang der Revisionsklage oder des Revisionsprotestes in die Verhandlung einzutreten und binnen drei Tagen nach der Entscheidung das Urteil anzufertigen.

Kolibri 360 GmbH
Ferdinand-Jühlke-Straße 7
99095 Erfurt, Deutschland
produktsicherheit@kolibri360.de